México...

STATES
Denver
Kansas City
Las Vegas
Death Valley
(lowest point in North America, -86 m)
Los Angeles
San Diego
Tijuana
Mexicali
Phoenix
Albuquerque
Oklahoma City
Memphis
Atlanta
Dallas
Jacksonville
El Paso
Ciudad Juárez
New Orleans
San Antonio
Houston
Hermosillo
Chihuahua
Gulf of California
SIERRA MADRE OCCIDENTAL
Miami
Gulf of Mexico
Monterrey
Torreón
Matamoros
Havana
Cancer
La Paz
MEXICO
Mazatlán
Tampico
Cancún
Mérida
León
Guadalajara
Bahía de Campeche
Mexico
Veracruz
ISLAS REVILLAGIGEDO
(MEXICO)
Puebla
BELIZE
Belmopan
SIERRA MADRE DEL SUR
Oaxaca
HONDURAS
Acapulco
Tegucigalpa
Guatemala
GUATEMALA
San Salvador
Managua

Dinah Stratenwerth

México...

entre identidad diversa y cultura globalizada

Textdossier für den Spanischunterricht

temas básicos

Schmetterling Verlag

Bibliografische Informationen *Der Deutschen Bibliothek*
Die Deutsche Bibliothek verzeichnet diese Publikation in der Deutschen National-bibliografie; detaillierte Daten sind im Internet über http://dnb.ddb.de abrufbar

Para mis amigos mexicanos.
Especialmente, Héctor y Manuelito.

Schmetterling Verlag GmbH
Lindenspürstr. 38b
70176 Stuttgart
www.schmetterling-verlag.de
Der Schmetterling Verlag ist Mitglied von aLiVe

ISBN 3-89657-724-7
1. Auflage 2006
Printed in Germany

Fotografien: Harry Thomas
Satz und Reproduktionen: Schmetterling Verlag
Druck: GuS-Druck GmbH, Stuttgart
Binden: IDUPA, Owen

Inhalt

1. Resumen histórico de la gente del maíz 7
Las culturas prehispánicas. 7
Los españoles cambian la historia 8
La Independencia. 9
El caótico siglo XIX: Golpes militares, guerras y reformas. . . 10
La Revolución se convierte en institución 12
Del PRI al PAN 13
Cronología 16

2. La identidad mexicana 20
¿Quiénes somos? 22
La Virgen de Guadalupe y la Malinche. 25
Mujeres y hombres 27
La cultura de chingar 29
Los símbolos de la patria 31

3. Los jóvenes en México 34
Un amigo mexicano 37
Los jóvenes en la historia. 39
Diferentes grupos de jóvenes. 41
El sexo y los hijos 43
Música joven 45
Los jóvenes y la política. 47

4. La Conquista 50
La charla de Cortés 52
El choque de dos mundos 54
Las palabras del conquistador .56
El fin del rey azteca 58
La crueldad de los conquistadores. 60
La conquista religiosa 63

5. El mito de la Revolución 65
La Revolución forma la nación 68
Lo que cambió la Revolución 70
Zapata, el caudillo del sur 72
Los revolucionarios 75
Las reformas de Lázaro Cárdenas 77
La Revolución mata al pueblo 79

6. Los pueblos indígenas de México 82
Canek el héroe 85
La política integracionista 87
El estado actual y los indígenas 89
La lucha del EZLN 91
La cultura indígena actual 94
Vida indígena 96

7. México y los Estados Unidos 98
La guerra del siglo XIX 101
Migración y política 103
Música y migración 105
Entrevista con un «mojado» 108
El Tratado de Libre Comercio (TLC) 110
Presentación del presidente Ernesto Zedillo 112
Cultura «gringa» 114

Die Texte sind ihrem Schwierigkeitsgrad entsprechend mit F(ácil), I(ntermedio), D(ifícil) markiert. Die Einteilung orientiert sich an den Vorgaben des Gemeinsamen Europäischen Referenzrahmens, wobei F dem Niveau B2 und D dem Niveau C1 (+) entspricht.

1. Resumen histórico de la gente del maíz

Las culturas prehispánicas

15.000 antes de Cristo llegaron los primeros colonos del norte al valle de México. Empezaron a cosechar una planta silvestre que en los próximos siglos iban a domesticar, para convertirla en el alimento básico de toda Mesoamérica: El maíz. La primera prueba de maíz como planta domesticada es del año 4000 a. C.

la cultura olmeca

La primera cultura que se desarrolló en México fue la olmeca, la «cultura madre», entre 1200 y 800 a. C. Lo que nos queda de ella son cabezas gigantescas que se encuentran en el actual estado de Tabasco. La cultura olmeca como cultura madre tuvo muchos hijos: En los próximos siglos se desarrollaron las culturas mesoamericanas en todo lo que hoy es México, y además Guatemala y Honduras. Las culturas mesoamericanas tenían en común el uso del calendario de 260 días, el juego de pelota y el maíz como alimento básico.

Teotihuacán

En el valle de México, donde hoy está la capital del país, floreció Teotihuacán hasta el año 750 d. C. En Oaxaca, una ciudad espléndida fue Monte Albán, fundada por los zapotecas, quienes dejaron la ciudad en la misma época en que los habitantes dejaron Teotihuacán.

los mayas

En el sur de México vivieron los mayas, astrónomos muy inteligentes, que tenían una escritura bien elaborada y un sistema matemático vigesimal que incluía el cero. Sus grandes ciudades clásicas también fueron dejadas por el siglo IX d. C. Todavía no se sabe bien por qué todas estas culturas desaparecieron o cambiaron en este lapso de tiempo. Una de las teorías más reconocidas es que una sequía puso en peligro su alimentación y la clase alta, en todas estas ciudades teócrata, perdió su legitimación.

Otras culturas siguieron. En el sur, los mayas del periodo posclásico, como se llama la época antes de la Conquista, dejaron al lado sus reyes-sacerdotes y desarrollaron un nuevo sistema con un consejo que tomaba las decisiones. Monte Albán fue tomado por los mixtecas, y al valle de México llegaron en el siglo XIV d. C. los mexicas o aztecas. Según la leyenda, su dios principal les había ordenado fundar una ciudad donde un águila estaba comiendo una serpiente. Justo en el lago de Texcoco lo observaron, y se quedaron en una isla en el lago. Esta águila, comiendo la serpiente sentada en una planta de Nopal, se encuentra hoy en el escudo de la bandera mexicana. Los aztecas pelearon contra los otros pueblos que vivieron en la orilla del lago y en el valle de México, y así lograron dominar todo el territorio del México central.

los aztecas

Practicaron un sistema de agricultura muy bien adaptado a las condiciones del lugar que se llamaba chimpana, en el que usaban islas nadantes. Así pudieron alimentar a los 200 mil habitantes de su rica ciudad Tenochtitlán. Mantuvieron su poder por guerras y tomaron presos para sacrificarles a sus dioses.

Los españoles cambian la historia

Reprimidos por Tenochtitlán de esta manera, los otros pueblos del valle de México tomaron con gusto la posibilidad de luchar contra su dominio cuando al principio del siglo XVI llegaron los españoles. Las primeras naves españolas arribaron a las costas de Yucatán y Tabasco, en el sureste de México, en los años 1517/18. El conquistador de México Hernán Cortés tenía 33 años cuando conoció el continente americano.

Hernán Cortés

En 1519 llegó a la costa de Veracruz y empezó su viaje a Tenochtitlán, porque ya había escuchado del famoso rey Moctezuma II de esta ciudad. Como Moctezuma le tenía miedo a Cortés porque pensó que era un dios, le había mandado muchos regalos valiosos. En busca de oro, el ejército de Cortés empezó su marcha hacia México central.

Moctezuma II

La lucha por Tenochtitlán, su sitio y su caída hoy forman parte de la leyenda fundadora de México. Mientras que Moctezuma II, que poco después de la llegada de Cortés a la ciudad empezó a colaborar con los conquistadores y fue matado en una batalla unos meses después, está visto como traidor, su sucesor Cuauhtémoc, quien fue tomado preso en 1521, cuando Cortés venció a los aztecas, es uno de los héroes de la historia mexicana.

lucha por Tenochitlán

Cuauhtémoc

La invasión española trajo la muerte para la mayoría de la gente que vivía en el territorio mexicano. Antes de la llegada de los europeos vivían entre 12 y 25 millones de personas en el territorio mexicano, 100 años después de que la nave de Cortés tocara la costa de Yucatán por primera vez quedaron de ellos apenas 1,2 millones.

Las razones de su muerte fueron varias: guerra, hambre, violencia por parte de los conquistadores, y sobre todo enfermedades europeas contra las que los indígenas de México no tenían defensas.

esclavitud de los indígenas

La tierra de los aztecas se convirtió en el virreinato de la Nueva España. Al principio, los españoles esclavizaron abiertamente a la población indígena en México. Los españoles se hicieron ricos con la plata que encontraron en el norte y el valle central de México, y con las plantaciones de azúcar más al sur. Pero tanto la iglesia católica como la corona española se opusieron a estos métodos, y en 1540 la esclavitud de indígenas fue prohibida. Lo mismo pasó con la encomienda, un sistema en el que un colono español tenía derecho a exigir tributos y trabajo de los indígenas que vivían cerca de él. A partir de 1549, se prohibió usar la mano de obra de los indígenas y se restringieron los derechos de los encomenderos a la posibilidad de cobrar tributos. Así, la corona quiso evitar que los colonos en el nuevo mundo lograran mucho poder.

Sin embargo, hubo muchas posibilidades de explotar a los indígenas, sobre todo en la haciendas a partir del siglo XVII. Por eso, durante toda la época colonial hubo sublevaciones indígenas.

difusión de la religión católica

También la difusión de la religión católica trajo consigo mucha violencia contra los «paganos», como les decían los frailes que venían a la Nueva España a misionar. Muchas personas fueron torturadas y matadas y se destruyeron los logros de civilizaciones enteras quemando libros y deshaciendo edificios para usar las piedras en la construcción de iglesias, o poniendo la nueva iglesia justo encima de las ruinas de los templos prehispánicos.

crecimieno de Nueva España

Mientras, la clase alta, compuesta de españoles y criollos – españoles nacidos en la América – floreció. Se construyeron las ciudades coloniales que hoy son tan apreciadas por los turistas, y en el siglo XVIII, la Nueva España creció hacia el norte. Lo que hoy es el sureste de los Estados Unidos formó parte del imperio español en América.

La Independencia

lucha por la independencia

Esta clase alta empezó a sentir la necesidad de liberarse de la corona española. También la iglesia empezó a oponerse a la política de la corona española, porque ésta había declarado que gran parte de los bienes de la iglesia le pertenecía a la corona. Por eso, la iglesia empezó a exigir a sus deudores, profundizando así la molestia de los criollos.

En 1808 Napoleón ocupó España y la debilitó, así que los luchadores de la independencia decidieron actuar. La lucha por la independencia de México fue larga y sangrienta. Hay tres «generaciones» de hombres que pelearon para liberarse de la corona antes de que se lograra este fin, en 1821.

El líder de la primera generación fue el padre Miguel Hidalgo que estaba conspirando contra la corona. Cuando se enteró que sus colaboradores fueron traicionados , el 16 de septiembre de 1810, tocó la campana en su ciudad natal de Dolores y dio el famoso grito de la independencia en el que llama a todos sus seguidores a luchar. Sus fuerzas marcharon bajo el estandarte de la Virgen de Guadalupe, una virgen que se le había aparecido en el sigo 16 a un campesino indígena cerca de la Ciudad de México y que desde entonces es un símbolo de la identidad mexicana.

Miguel Hidalgo

Al principio, el ejército de Hidalgo tuvo éxito, pero por fin el primer héroe de la independencia fue fusilado en 1811. Le siguió José María Morelos, el personaje importante de la segunda generación. Morelos convocó en 1813 el Congreso de Chilpancingo, en el actual estado sureño de Guerrero. Representantes de todas las provincias se juntaron y discutieron el futuro del México independiente. Unos de los puntos en los que concordaron fueron el derecho al voto libre para hombres, el fin de la esclavitud y la religión católica como religión universal. Firmaron una declaración de independencia. Pero fuera de las fuerzas enemigas de los españoles el congreso se debilitó por peleas internas. Morelos ya no fue aceptado como jefe del ejército independentista.

José María Morelos

Cuando él también fue fusilado, su ejército se separó y varios grupos guerrilleros siguieron luchando. Esta es la tercera generación y un guerrillero famoso es Vicente Guerrero. Pero él no logró la independencia. La logró, en 1821, el mismo general que había mandado a matar a Hidalgo, Augustín de Iturbide. Junto con Guerrero elaboraron el Plan de Iguala, en que se garantizan la posición dominante de la iglesia católica, una monarquía constitucional y los mismos derechos para criollos y españoles peninsulares. Iturbide se declaró emperador en 1822 – Augustín I.

Iturbide Emperador

El caótico siglo XIX: Golpes militares, guerras y reformas

Los próximos treinta años de la historia del México independiente son dominados por golpes militares y la lucha entre los conservadores y los liberales, que querían una reforma social. Todo empezó cuando Antonio López de Santa Ana mandó a matar al emperador y México se convirtió en república. Entre 1821 y 1855 México tuvo 55 diferentes gobiernos, 11 de estos con Santa Ana en el poder. Santa Ana se hizo famoso sobre todo por ser tan loco que hizo desfilar por la capital su pierna que había perdido en la guerra, y por perder gran

México se convierte en república

parte del norte de México a los Estados Unidos. Después de que los colonos en Texas se habían declarado independientes de México, el presidente estadounidense James Polk lo quiso anectar en 1845, junto con más territorio mexicano, y la guerra estalló. Perdida la guerra, Santa Ana vendió parte del territorio mexicano, un acto que los mexicanos no le van a perdonar nunca. De allí nace un cierto desprecio de los mexicanos hacia los estadounidenses.

Benito Juárez

En 1855, los liberales sacaron a Santa Ana del poder, en la Revolución de Ayutla. En esa época se destacó el liberal Benito Juárez, que más tarde iba a ser el primer presidente indígena de México. En la constitución de 1857, que él diseñó, se expropia a la iglesia católica. Los conservadores declararon la guerra a los liberales de Juárez, y el país se encontró otros cuatro años en guerra, hasta que Juárez ganó y siguió con sus reformas. Se negó a pagar la deuda externa, por lo que los conservadores pidieron a los países europeos que intervinieran. En 1862 llegaron los franceses a México, porque Napoleón III quería ampliar su poder en el continente americano. Aunque fueron derrotados en la famosa batalla de Puebla, los franceses vencieron a las tropas mexicanas e invitaron al archiduque de la casa real de Austria, Maximiliano de Habsburgo y su esposa Carlota a gobernar México como emperadores. Pero Juárez, junto al general Porfirio Díaz, siguió luchando. Cuando en 1865 Napoleón III se fue a Europa, Maximiliano se quedó sin protección y fue fusilado en 1867.

llegada de los franceses

Porfirio Díaz

Juárez se convirtió en el primer presidente de México que se quedó hasta las próximas elecciones. Entre sus reformas estaba la obligación de ir a la escuela y la secularización del estado. Se murió en 1872 por una enfermedad, después de ser reelegido. Su sucesor, Sebastián Lerdo de Tejada, también quiso ser reelecto y por eso Porfirio Díaz se rebeló contra él. En 1876, Díaz ascendió a la presidencia y se quedó allá 33 años, aunque había derrotado a Lerdo de Tejada porque según él no se debía reelegir el presidente. El mismo Díaz se reeligió seis veces. Aunque en comparación con los tiempos de guerras civiles y muchos diferentes presidentes, la «paz Porfiriana» pareció ser un paso adelante, el costo social fue muy alto.

La democracia fue destruida a favor de una dictadura sin libertad de expresión. Díaz favoreció a inversionistas extranjeros, así que la clase de estos inversionistas y unos más mexicanos se hicieron ricos mientras que la mayoría de los mexicanos vivía en la pobreza.

La Revolución se convierte en institución

Por eso, el 20 de noviembre de 1910, estalló la Revolución Mexicana por la actuación de Francisco I. Madero, pero él pronto fue encarcelado. Cuatro protagonistas de la Revolución vencieron por fin al viejo dictador Díaz: Venustiano Carranza, Pancho Villa, Emiliano Zapata y Pascual Orozco. Pero tenían ideas muy diferentes de un México mejor. Zapata y Villa estaban más interesados en la justicia en sus estados, mientras Carranza y Orozco lucharon por el poder en el país.

Así, la Revolución Mexicana, igual que la guerra por la independencia, fue un proceso largo y sangriento en que se murieron muchos mexicanos, sobre todo de las clases bajas. Por fin, el general revolucionario Álvaro Obregón quedó como presidente del país en 1920. Tuvo que enfrentar otra guerra civil cuando los católicos se opusieron a la constitución laica del estado, en la Guerra Cristera. México quedó como república laica. El único día festivo católico en México es Navidad.

Álvaro Obregón

Cuando Obregón quiso ser reelegido, reformando las leyes que lo prohibieron, fue asesinado. Hasta la mitad de los años treinta, el poder central en México no estuvo en manos del presidente, sino del jefe máximo de un nuevo partido que se había fundado en 1929 por Plutarco Elías Calles. Él fue el jefe máximo de su Partido Nacional Revolucionario (PNR) y así, de la Revolución. Calles creía que por el partido las diferentes fuerzas en México se iban a reconciliar y el país se iba a unificar. En 1934, el general Lázaro Cárdenas fue electo como presidente y expulsó a Calles del país para que el poder otra vez quedara en manos del presidente. El nuevo presidente reorganizó el partido del estado que ahora se llamaba Partido de la Revolución Mexicana (PRM) e incluía los sectores campesino obrero, militar y popular. Además, fundó dos sindicatos adherentes al partido. Así, creó una estructura que hasta hoy existe en México: todas la organizaciones populares dependían del partido del estado, en ese entonces PRM.

PNR

PRM

Además, Cárdenas hizo las reformas sociales más importantes de la historia de México. Repartió tierras en posesión del estado para que la gente las trabaje. Estas tierras se llaman ejidos. También nacionalizó el petróleo en 1938, creando la empresa Petróleos Mexicanos, PEMEX. Los mexicanos apoyaron de todo corazón esta medida del presidente y hasta donaron dinero para evitar una crisis económica.

PEMEX

Cardenás nombró a su sucesor Manuel Ávila Camacho. Hasta el año 2000, esa fue la manera de la que un presidente nombraba a su sucesor, por apuntarle con el dedo: «Éste va a ser!». Este gesto se llamaba «dedazo». Camacho fue más conservador que Cárdenas y trató de reconciliar todas partes de la sociedad mexicana. Además excluyó

el «dedazo»

el sector militar del partido que a partir de entonces se llamaba PRI: Partido de la Revolución Institucionalizada.

Del PRI al PAN

PRI

El PRI gobernó México hasta el año 2000. El PAN, el Partido de Accion Nacional, fue durante las primeras décadas de su gobierno la oposición más importante del PRI. Se había fundado en 1939 por un grupo de gente que estaba convencida de que había que crear una fuerza de oposición en México. En 1940, el partido apoyó al candidato independiente Juan Andreu Almazán, pero ganó el candidato del PRI Manuel Ávila Camacho. La jornada electoral terminó en un baño de sangre en la Ciudad de México.

«la dictadura perfecta»

En las próximas décadas, el PRI instaló un sistema que el escritor Mario Vargas Llosa una vez llamó «La dictadura perfecta», porque toda la sociedad formaba parte del mismo partido y sus funcionarios federales, estatales y municipales controlaban todo.

crisis del endeudamiento

De 1950 a 1970 el estado fuerte que también influía mucho en la economía, por ejemplo subsidiando la agricultura, tuvo mucho éxito. Estos años se conocen como el «milagro mexicano», porque la economia creció alrededor de un 6,27% anual. Pero a finales de los setenta el sistema se había agotado. La deuda externa de México era muy grande. La crisis se empeoró por la baja de precios del petróleo al final de los setenta que perjudicó mucho a México.

«guerra sucia»

2 de octubre de 1968

Además, el PRI ya había perdido legitimación. Durante los años sesenta hubo una así llamada «guerra sucia» contra todos los actores no conformes con el gobierno. Mucha gente desapareció, fue encarcelada, torturada y asesinada – como en todas las dictaduras en Latinoamérica. Solo que en México hubo elecciones cada seis años. Por eso: «La dictadura perfecta». El conflicto culminó cuando en 1968 el ejército mató cientos de estudiantes reunidos en la Plaza de las Tres Culturas en Tlatelolco en la capital. En este entonces, Luís Echeverría Álvarez era el Ministro del Interior y José López Portillo presidente.

terremoto del 1985

Con la crisis del endeudamiento al principio de los años ochenta, los gobiernos mexicanos empezaron a cambiar su política económica. Abrieron los mercados para la inversión extranjera y redujeron la acción del estado. Miguel de la Madrid Hurtado, quien fue presidente de 1982 hasta 1988, fue el que empezó con estas reformas económicas. En el año 1985, un terremoto fuerte sacudió a la Ciudad de México. Sin mucha ayuda del gobierno, la gente se ayudó en un ejemplo único de solidaridad que hasta hoy se recuerda. Además, el fenómeno natural hizo crecer el desacuerdo con la política del PRI.

Mientras, el PRI seguía manteniéndose en el poder, cada vez con menos éxito. En 1988 el candidato PRIista Carlos Salinas de Gortari ganó las elecciones por un obvio fraude electoral: De repente se cayó el sistema de cómputo, dándole al PRI todas las posibilidades de manipular los votos. Salinas de Gortari siguió con las reformas que dieron más importancia económica al sector privado, y por eso reformó el famoso artículo 27 de la constitución mexicana: El ejido ya no era una tierra comunal sino se podía vender. Esta reforma fue muy criticada por organizaciones campesinas. Temían que las grandes empresas les iban a presionar para que vendieran sus campos. La lucha por la tierra actualmente sigue siendo uno de los problemas sociales más graves en México. Los campesinos recibieron apoyo de una nueva izquierda mexicana.

fraude electoral

la lucha por la tierra

El adversario de Salinas de Gortari había sido Cuauhtémoc Cárdenas Solórzano. Cárdenas, hijo del famoso presidente reformador Lázaro Cárdenas, venía de un nuevo grupo de oposición que se había formado dentro del PRI, que se llamaba la Corriente Demócrata. Estaba formado por la gente más demócrata del PRI y de los socialistas mexicanos.

En 1987, Cárdenas y sus seguidores se salieron del PRI y formaron el Frente Demócrata Nacional. Cárdenas postuló con este partido por la presidencia en 1988, pero perdió por el fraude.

Como reacción a esta elección poco confiable, se formó un nuevo partido de izquierda, el Partido de la Revolución Democrática (PRD).

PRD

Con el correr de los años, el PRD fue ganando la confianza de la gente. En 1992, Cristóbal Arias Solís tenía buenas posibilidades de ganar la gobernatura de Michoacán en México central, pero el PRI no reconoció su victoria. Al contrario en el caso del otro partido opositor, el PAN: Este ganó la gobernación de Baja California Sur y el PRI lo aceptó. Por eso, el PRD dijo que PRI y PAN estaban trabajando juntos en contra de ellos.

Por fin, en 1997, Cuauhtémoc Cárdenas Solórzano ganó la alcaldía de la capital del país, y con eso empezó el éxito del PRD. Fue el primer jefe de gobierno de la capital que fue electo y no nombrado por el presidente.

Cuauhtémoc Cárdenas Solórzano

Y en el 2000, el PRI perdió por fin la postura dominante en México: ganó el PAN con su candidato Vicente Fox Quesada. Desde entonces, se dice que México está en un proceso de transición a la democracia.

transición a la democracía

Cuando Fox subió al poder, tuvo que enfrentar un movimiento popular muy fuerte: Los Zapatistas. Ellos habían aparecido en el escenario nacional en 1994, cuando entró en vigor el Tratado de Libre

Comercio (TLC) con los Estados Unidos y Canadá. El Tratado de Libre Comercio fue parte de la nueva política neoliberal de los gobiernos mexicanos.

Los Zapatistas

Los Zapatistas lucharon por democracia, justicia y libertad. El 1 de enero de 1994 tomaron varias ciudades en Chiapas, entre ellas la capital estatal San Cristóbal de las Casas. El gran apoyo de la población mexicana y también internacional evitó que el ejército los matara a todos, y se negoció una paz y hasta dos años después, acuerdos para una autonomía indígena que garantizara a los pueblos indígenas poder decidir independientemente qué iba a pasar con sus tierras.

militarización

Pero siguieron varios conflictos y una fuerte militarización en Chiapas, y mucha gente fue matada por el ejército y por grupos paramilitares.

2001: ley de autonomía indígena

elecciones democráticas

Fox dijo que iba a resolver todo este problema en 15 minutos. En 2001, se ratificó una ley de autonomía indígena, supuestamente cumpliendo con los acuerdos del año 1996. Pero la ley no fue a favor de los indígenas, porque no les concedía autonomía. Por eso, los Zapatistas decidieron retirarse y organizar sus municipios autónomos en Chiapas. No volvieron a aparecer hasta el año 2005, cuando anunciaron el principio de otra campaña. Un movimiento fuera de la política establecida, independiente de los partidos, formado por grupos de la sociedad civil. La otra campaña se desarrolló al lado de la campaña para las primeras elecciones democráticas de México después de la caída del PRI. Las ganó Felipe Calderón del PAN con un margen de menos de medio punto, por lo cual el PRD apeló el resultado. Dijeron que era otro fraude electoral manipulado por el PAN.

El candidato del PRI se quedó en el tercer lugar. Después de 70 años, el partido que siempre se ha dicho ser el único que mantiene la herencia de la Revolución Mexicana, cada vez tiene menos importancia.

En 2010, se celebran años dos eventos importantes de la historia mexicana: el principio de la Guerra de Independencia y el principio de la Revolución. En esta fecha histórica, los mexicanos todavía aprecian al maíz como su alimento básico. La comida mexicana ya se ha exportado a todo el mundo. Y en las cocinas mexicanas se encuentran los Corn Flakes de Kellogg's al lado de la tortilla.

Cronología

4000 a. C.
en el valle de México se planta maíz domesticado. Se supone que los primeros colonos llegaron a este lugar hace 11.000 años

ca. 1200-800 a. C.
Florece la cultura olmeca, la «cultura madre»

200 d. C.-ca. 750 d. C.
Teotihuacán es la ciudad mayor del valle de México

300 d. C.-900 d. C.
Época clásica de la cultura maya en el sur de México, Honduras, Guatemala y Belice

500 d. C.- 900 d. C.
La cultura zapoteca florece en Monte Albán, actual estado de Oaxaca

1000 d. C.
Los mixtecas llegan a Monte Albán

900 d. C.-ca. 1500 d. C.
Época maya posclásica

siglo XIV d. C.
Los Mexicas llegan al lago Texcoco en el valle de México y fundan Tenochtitlán

1492
Cristóbal Colón llega al continente americano

1519
Hernán Cortés llega a la costa de Veracruz en el golfo de México

1521
Cortés vence a Tenochtitlán y toma a su rey Cuauthémoc como rehén

1525
Llegan frailes franciscanos, agustinos, dominicanos y jesuitas a la Nueva España para misionar a los indígenas

1540
Se prohibe esclavizar a los indígenas

1808
Napoleón ocupa España

15.9.1810
El padre Miguel Hidalgo llama a luchar por la Independencia («grito de Dolores»)

1811
Hidalgo es fusilado

1813
José María Morelos convoca el Congreso de Chilpancingo, se elabora una constitución mexicana

1815
Morelos es fusilado

1821
Augustín de Iturbide logra la independencia

1822
Iturbide se declara emperador de México, Augustín I.

1824
Antonio López de Santa Ana manda a matar a Iturbide. México se declara república

1821-1855
época inestable en México, hay 55 presidentes, 11 veces es Santa Ana

1836
Texas se declara independiente

1845
Los Estados Unidos quieren anexionar Texas y más territorio mexicano

1846-1848
guerra entre México y los Estados Unidos. México pierde y una parte de su territorio en el norte se convierte en territorio de los EEUU

1855
Santa Ana es derrocado por los liberales en la Revolución de Ayutla

1857
Nueva constitución diseñada por Benito Juárez

1858-1861
guerra de reforma entre liberales y conservadores

1861
Benito Juárez es el primer presidente indígena de México

1862
Los franceses declaran la guerra a México porque Juarez se niega a pagar la deuda externa

1862-1867
El archiduque Maximilano de Habsburgo reina en México hasta ser vencido y fusilado por las fuerzas de Juárez. Juárez retoma la presidencia

1872
Juárez se muere

1876
Porfirio Díaz asume la presidencia

1876-1910
«Porfiriato», gobierno de Díaz sin interrupción

20. 11.1910
Francisco I. Madero llama a empezar la Revolución Mexicana

1910-1914
Guerra de la Revolución Mexicana
Los guerrilleros campesinos Emiliano Zapata y Pancho Villa llegan a la capital

1917
Venustiano Carranza es el nuevo presidente de México, nueva constitución

1919
Carranza manda a asesinar a Emiliano Zapata

1920
Álvaro Obregón mata a Carranza y es el nuevo presidente

1924–1928
presidente Plutarco Elías Calles

1928
Obregón es asesinado antes de asumir la presidencia de nuevo

1928–1934
Calles como jefe máximo de la Revolución es el hombre más poderoso de México, funda el Partido Nacional Revolucionario (PNR)

1934
Lázaro Cárdenas es presidente y echa a Calles del país. El PNR se convierte en el Partido de la Revolución Mexicana (PMR)

1938
Cárdenas nacionaliza el petróleo

1939
Fundación del partido opositor Partido de Acción Nacional (PAN)

1940–1946
presidente Manuel Ávila Camacho, nombrado por Cárdenas

1946
El PRM se llama PRI, Partido de la Revolución Institucionalizada

1950–1970
«Milagro Mexicano», buen crecimiento económico

1968
Protestas estudiantiles

2.10.1968
Matanza en la Plaza de las Tres Culturas, Tlatelolco, Ciudad de México, en una asamblea estudiantil

1982
Crisis de endeudamiento. México cambia su rumbo en política económica y abre sus mercados

1985
terremoto en la Ciudad de México

1988
Fraude electoral del PRI por el cual asume la presidencia Carlos Salinas de Gortari

1989
Fundación del partido opositor de izquierda Partido de la Revolución Democrática (PRD)

1994

Entra en vigor el Tratado de Libre Comercio entre México y los Estados Unidos. El ejército Zapatista de Liberación Nacional (EZLN) se levanta en armas en el estado sureño Chiapas

1996

El gobierno y los Zapatistas negocian los Acuerdos de San André sobre la autonomía indígena

1997

Cuauhtémoc Cárdenas Solórzano, fundador del PRD, es el primer alcalde de la Ciudad de México que es electo y no nombrado por el presidente

2000

Por primera vez desde su fundación pierde el PRI, el nuevo presidente de México es el PANista Vicente Fox Quesada

2001

El congreso decide una ley indígena que no cumple con los Acuerdos de San Andrés

2005

Los Zapatistas inician su «Otra Campaña» con la sociedad civil

2006

Felipe Calderón, PAN, es el nuevo presidente, el PRD no acepta los resultados

2. La identidad mexicana

Desde la conquista hay una pregunta que mueve el alma mexicana: ¿Quiénes somos? Ha habido muy diferentes respuestas a esta pregunta. En la actualidad, México oficialmente es una nación pluricultural que acepta las diferencias y las diferentes costumbres que la identifican. En la vida cotidiana, todavía hay mucha discusión acerca del tema.

Los mexicanos tienden a odiar a los españoles porque «nos han conquistado». Pero – quién es «nosotros»? Por fin, la mayoría de los mexicanos es producto de la mezcla entre españoles e indígenas.

Uno de los escritores más importantes que ha tratado el tema de la «mexicanidad» es Octavio Paz. En su ensayo «El laberinto de la soledad» describe la lucha por la identidad mexicana. Menciona dos figuras muy importantes para la formación de dicha identidad: la Virgen de Guadalupe y la Malinche. Según la leyenda, en el año 1531 la virgen se le apareció a un indígena de nombre Juan Diego en Tepeyac, en el norte de la Ciudad de México. Su figura apareció en el poncho del humilde campesino. En este mismo lugar, antes de la Conquista, existía un templo de la diosa azteca Tonantzin. Los conquistadores trajeron el catolicismo, y la gente empezó a creer en la Virgen de Guadalupe. La nueva santa sirvió como ejemplo de la mezcla entre las creencias indígenas y la religión católica. Se convirtió en la santa más importante de México. Los luchadores de la independencia llevaban banderas con su imagen. Y hoy, cada día, miles de personas, mexicanos y turistas, visitan su basílica en la Ciudad de México, donde supuestamente se ve el poncho original de Juan Diego. El 12 de Diciembre, que es el día de la Virgen de Guadalupe, se para todo el tráfico alrededor de su iglesia por la cantidad de fieles que llenan las avenidas con sus procesiones.

la Virgen de Guadalupe

la importancia de la fe católica

Aunque en México por sus leyes el estado y la iglesia están claramente separados (por ejemplo, Viernes Santo no es un día festivo legal), la gente se identifica mucho por la religión católica.

La Malinche, por otro lado, ayudó a Hernán Cortés a conquistar México y, como muchos dicen, traicionó a su pueblo. Ella vino de una familia noble de Cuatzacoalcos, Jalisco, y fue vendida como esclava a Tabasco en el sur de México, donde se encontró con Cortés. Desempeñó un papel muy importante en la Conquista porque trabajó de intérprete. Además, se convirtió en amante de Cortés y tuvo un hijo con él. ¿Cómo se habrá sentido ella con su papel, viajando con los españoles entre sus compatriotas? Esta situación trata de imaginar Celestino Gorostiza en su obra de teatro «La Malinche».

La Malinche

Octavio Paz describe cómo estas dos mujeres, la santa virgen y la indígena usada, demuestran las contradicciones de la identidad nacional, la «mexicanidad.»

mexicanidad contradictoria

Por el lado de los hombres, lo más conocido y típico de los mexicanos es el machismo. Y aunque hay grandes diferencias entre la vida en la ciudad y en el campo, México, en general, es un país muy conservador en cuanto a la relación entre hombres y mujeres. La violencia intrafamiliar es un gran problema, y muchas veces las mismas madres enseñan los valores del machismo a sus hijos. Es muy común pensar que las parejas no deben de vivir juntas antes de casarse, que una mujer casada no salga sola a la disco, que un hombre infiel es normal mientras que la mujer infiel es una puta.

machismo

De esta contradicción masculino/femenino resulta el famoso concepto de «chingar» que quiere decir «molestar», «dejar mal», hasta «violar». En este concepto, que también explica Octavio Paz, el que chinga se asocia con lo masculino y el chingado con lo femenino.

«chingar»

Con tanta contradicción, los mexicanos siempre han buscado un elemento unificador, este se encuentra en su nacionalismo. En todo caso, adoran a su país, a su bandera y su himno nacional. Los símbolos patrios mismos y su trato demuestran cuán importante es para los mexicanos encontrar un símbolo común. El rito y honor a la bandera se practica en las escuelas en todo el país.

nacionalismo

¿Quiénes somos?

En la obra de teatro «La Malinche», la traductora del conquistador Hernán Cortés, discute con un joven guerrero azteca. Cortés está en camino a Tenochtitlán, la capital azteca, para ir a ver al rey Moctezuma.

JOVEN: (...) Moctezuma ha consultado el oráculo de Huitzilopochtli y le ha dicho que por ningún motivo debe permitir que los españoles lleguen a México, porque sería fatal para él y para su imperio. (...) Tú tienes la obligación a ayudarnos a impedirlo.

MALINCHE: ¿Yo? ¿Por qué tengo yo esta obligación?

JOVEN: Porque eres mexicana como nosotros y, además, llevas sangre noble en las venas.

MALINCHE: (irónica) Sí... se supone que soy la princesa de Coatzacoalcos....la reina debería ser, muerto mi padre. Pero para que mi hermanastro pudiera convertirse en cacique, fui regalada a los de Tabasco en calidad de esclava y en calidad de de esclava me han regalado los de Tabasco a los españoles. ¿Qué otra cosa puedo hacer, sino servir como esclava?

JOVEN: Los mexicanos no tienen la culpa de lo que hayan hecho los de Coatzacoalcos.

MALINCHE: Son también mexicanos, resentidos contra su propia raza, de la que quieren liberarse.

JOVEN: (irónico) ¿Y por liberarte de tu propia raza, vas a permitir que unos extraños te esclavicen...?

MALINCHE: ¡Ah! ¿Pero depende eso de mí? No lo sabía. ¿Y los otros? ¿Los de Cempoala que vienen a pedirle a Cortés que los ampare contra Moctezuma y a ofrecerse de intermediarios para una alianza con los de Tlaxcala? (...) Y ahora resulta que va a depender de mí que los españoles esclavicen a los mexicanos.

JOVEN: (rindiéndose a la evidencia) Desgraciadamente, todo eso que dices es verdad. Pero los jóvenes estamos trabajando para cambiar las cosas, por lograr que los mexicanos nos estimemos y nos respetemos unos a otros. Cuando eso se consiga, que no es muy difícil, se establecerá la unidad entre todos, y seremos una gran nación fuerte y feliz. Todavía es tiempo, antes de arrojarnos en brazos de los extraños.

Celestino Gorostiza: La Malinche. En: Teatro Mexicano 1958. México DF/Madrid/Buenos Aires: Aguilar, 1959, Pág. 331/332

Vocabulario

Huitzilopochtli:	dios azteca
México:	Tenochtitlán
hermanastro:	medio hermano, sólo por parte de la mamá o del papá
Cempoala:	ciudad en el golfo de México, hoy estado de Veracruz
amparar a alguien:	dar protección
Tlaxcala:	reino en el centro de México, hoy el estado más pequeño
rendirse:	darse por vencido

Comprensión del texto

1. Escribe la historia de la Malinche en tercera persona. Usa las siguientes expresiones y verbos:

Nació — después — porque — entonces — y ahora.

2. Conecta los actores con las acciones correspondientes:

los españoles	ayudar a Cortés
la Malinche	querer un México unido
los jóvenes aztecas	tener miedo de la profecía
los de Cempoala	ir a Tenochtitlán
Tlaxcala	pedir amparo
Moctezuma	aliarse con los españoles

Ahora, forma frases en pasado con los actores y acciones.

Interpretación

1. La Malinche y el joven azteca no están de acuerdo. ¿Cuál opinión le pertenece a quién?

- Tenemos que reunir nuestra patria.
- Los pueblos mexicanos están peleados entre sí.
- Los españoles son peligrosos para los mexicanos.
- Los mexicanos se tienen que respetar entre sí.
- El destino de los mexicanos no depende de mí.

2. ¿A quién le das la razón? Discute con un compañero, uno es la Malinche, el otro el joven azteca.

3. ¿Cuáles de los siguientes conceptos van mejor con la Malinche, cuáles con el jóven?

- Nacionalismo — oportunismo — realismo — idealismo — fatalismo
- Explica en un texto tus elecciones, dando razones.

Comentario

1. Para la Malinche y el joven, ¿qué significado tiene la palabra «raza»? ¿Qué significado tiene para tí?

2. En México existe el concepto del «malinchismo».
- Después de haber leído este texto – ¿qué asocias con la palabra? Escríbelo.
- Lee lo que encuentres acerca del concepto en otros textos de este capítulo.

3. El joven dice que va a ser fácil unir a México.
- ¿Por qué es importante para una nación la unidad? Haz una lista de razones con un compañero.
- ¿Estás de acuerdo con él? Explica por qué o por qué no.
- Averigua en tu libro: ¿Qué tan unificado está México hoy en día?

La Virgen de Guadalupe y la Malinche

No es un secreto para nadie que el catolicismo se concentra en el culto a la Virgen de Guadalupe. En primer término, se trata de una virgen india; en seguida: el lugar de su aparición (ante el indio Juan Diego) es una colina que fue antes santuario dedicado a Tonantzin, «nuestra madre», diosa de la fertilidad de los aztecas. (...)

Por contraposición a la Guadalupe, la Chingada es la madre violada. (...) Se trata de figuras pasivas. Guadalupe es la receptividad pura y los beneficios que produce son del mismo orden: consuela, serena, aquieta, enjuga las lágrimas, calma las pasiones. La Chingada es aún más pasiva. (...)

Si la Chingada es una representación de la Madre violada, no me parece forzado asociarla con la conquista, que fue también una violación, no solamente en el sentido histórico, sino en la carne misma de las indias. El símbolo de la entrega es la Malinche, la amante de Cortés. Es verdad que ella se da voluntariamente al conquistador, pero éste, apenas deja de serle útil, la olvida. Doña Marina se ha convertido en una figura que representa a las indias, fascinadas, violadas o seducidas por los españoles. Y del mismo modo que el niño no perdona a su madre que lo abandone para ir en busca de su padre, el pueblo mexicano no le perdona su traición a la Malinche. (...)

De ahí el éxito del adjetivo despectivo puesto en circulación por los periódicos para denunciar a todos los contagiados por tendencias extranjerizantes. Los malinchistas son los partidarios de que México se abra al exterior (...).

La extraña permanencia de Cortés y la Malinche en la imaginación y en la sensibilidad de los mexicanos actuales revela que son algo más que figuras históricas: son símbolos de un conflicto secreto, que aún no hemos resuelto. Al repudiar a la Malinche (...), el mexicano rompe sus ligas con el pasado, reniega de su origen y se adentra solo en la vida histórica.

Octavio Paz: El laberinto de la soledad, posdata, vuelta el laberinto de la soledad.
México DF: FCE, 2005 (primera edición 1981), Pág. 89–91

Vocabulario

colina, f:	un pequeño monte
serenar:	calmar
renegar:	no aceptar p.e. origen, religión, sexo
adentrarse:	internarse

Comprensión del texto

1. ¿Correcto o falso?

	C	F
La Virgen de Guadalupe se le apareció a un indio.	○	○
Cortés se quedó con Doña Marina, o la Malinche, para siempre.	○	○
Cortés obligó a la Malinche a quedarse con él.	○	○
Un «malinchista» es alguien que quiere que México se abra al extranjero.	○	○
Los Mexicanos son muy orgullosos por lo que hizo la Malinche.	○	○

2. Describe tanto a la Malinche como a la Virgen de Guadalupe con tus propias palabras.

Interpretación

1. ¿Cuáles son las cualidades que tiene la Virgen de Guadalupe? ¿Y cuáles son los defectos que tiene la Malinche?

Haz dos poemas cortos sobre las dos mujeres, usando las cualidades y los defectos.

2. ¿A quién traicionó la Malinche? Escriban varias respuestas en el pizarrón y discútanlo en el grupo.

Comentarios

1. Busca imágenes de la Malinche y de la Virgen y compáralas. ¿Las diferencias son parecidas a las que describe Paz?

2. Paz dice: «Los mexicanos reniegan su origen». ¿Qué origen?

Busca en la introducción de tu libro y en las introducciones de los capítulos «Los pueblos indígenas» y «La identidad mexicana», de cuántos grupos un mexicano de hoy puede ser mezclado.

3. ¿Tú conoces a alguien a quien llamarías «malinchista»? ¿Por qué?

Mujeres y hombres

D

La aceptación de la infidelidad del hombre y la censura del mismo acto de la mujer es una cuestión que se relaciona directamente con la construcción de género que se elabora en nuestra cultura. (...) El sexo del varón se «naturaliza» y se percibe como una fuerza intrínseca sin control alguno. Esta idea refuerza la relación de los hombres con varias parejas. En contraparte, el sexo de las mujeres está deserotizado, pues se tiene la idea de que la reproducción es la única razón de ser de sus prácticas sexuales. Al mismo tiempo la existencia de una doble moral que ordena sobre la sexualidad para unos y para otras, deviene de la aceptación social de una forma de ser sexual para los hombres y otra para las mujeres. Las mujeres son vistas como buenas o como malas. Las primeras son la esposa, la madre, la hermana, la hija y se espera que ellas ejerzan su sexualidad dentro del matrimonio, a determinada edad y con fines procreativos. Las malas son la prostituta, la amante o la amiga con quienes el varón puede tener relaciones sexuales furtivas, apasionadas y sin responsabilidad alguna.

Esperanza Tuñón Pablos (Coord.): Género y salud en el sureste de México.México DF: Colegio de la Frontera Sur, 1999, Pág. 195/196

Vocabulario

género:	sexo social, no biológico (el término biológico es sexo)
intrínseco/a:	cualidad o valor que tiene algo por sí mismo
procreativo/a:	de procrear: hacer hijos, engendrar
furtivo/a:	algo que se hace en secreto

Comprensión del texto

1. Llena los espacios:

En México, muchos piensan que es normal que el hombre sea . . . . y la mujer no. Los científicos piensan que es porque la sexualidad del hombre se . . . . , es algo normal que no quiera ser fiel. La mujer, por mientras, no tiene sexo por placer sino con fines . . . . Así que se . . . . una forma de . . . . para el hombre y otra para la mujer. Existe una . . . . que ordena sobre la sexualidad.

2. ¿Quiénes son las mujeres «malas»? ¿Quiénes son las mujeres «buenas»? Haz una lista.

— . . . .
— . . . .
— . . . .
— . . . .
— . . . .

Interpretación

1. Los autores del texto están buscando causas para los comportamientos de mexicanos y mexicanas. ¿Cuáles son?

Fenónemo	Causa
La infidelidad del hombre es visto como normal.	
La sexualidad de la mujer se deserotiza.	
Hay mujeres buenas y mujeres malas.	

2. Una sexualidad para mujeres, otra para hombres. Escribe cinco reglas de cómo, según el texto, se tiene que comportar una «buena» mujer mexicana.
3. «¿Qué dirá la gente?» ¿Qué piensas, según el texto, cuáles comentarios se hacen acerca de una mujer, cuáles acerca de un hombre? ¡Subraya la forma masculina o femenina!

«Ella/él anda con cualquiera. Ni tienen que ser guapos/as. Qué horror!»
«Todos/as andan detrás de él/ella. Es muy guapo/a. Y ¡claro que lo aprovecha!»
«Si tiene su esposo/a pero también anda con el/la vecino/a. Ya sabes como es, son sus instintos.»
«Él/ella va solo/a a la disco. ¡Y que va a hacer allá! No le conviene que la/le vean así!»
«Muchas veces se va a un bar con sus amigos/as. Pero mejor no le dice nada a su novio/a. Es horriblemente celoso/a. Debe ser difícil para él/ella.»

Comentario

1. Escribe un texto sobre una mujer infiel. Tu compañero escribe uno sobre un hombre infiel. Ahora comparan: ¿En qué son diferentes? ¿Reflejan algunos de los pensamientos de los que se trata el texto?
2. ¿Cuál es la figura simbólica que representa a la mala mexicana, y cuál representa a la buena? ¡La respuesta está en este capítulo!

La cultura de chingar

D

Toda la angustiosa tensión que nos habita se expresa en una frase que nos viene a la boca cuando la cólera, la alegría o el entusiasmo nos llevan a exaltar nuestra condición de mexicanos: ¡Viva México, hijos de la Chingada! (...)

Con ese grito, que es de rigor cada 15 de Septiembre, aniversario de la Independencia, nos afirmamos y afirmamos a nuestra patria, frente, contra y a pesar de los demás. ¿Y quiénes son los demás? Los demás son los «Hijos de la Chingada»: los extranjeros, los malos mexicanos, nuestros enemigos, nuestros rivales. (...)

¿ Quién es la Chingada? En México los significados de la palabra son innumerables. (...) Se puede ser un Chingón, un Gran Chingón (en los negocios, en la política, en el crimen, con las mujeres), un chingaquedito (silencioso, disimulado, urdiendo tramas en la sombra, avanzando cauto para dar el mazazo), un chingoncito. Pero la pluralidad de significaciones no impide que la idea de agresión – en todos sus grados, desde el simple de incomodar, picar, zaherir, hasta el de violar, desgarrar y matar – se presente siempre como significado último. El verbo denota violencia, salir de sí mismo y penetrar por la fuerza en otro. (...)

El que chinga jamás lo hace con el consentimiento de la chingada. En suma, chingar es hacer violencia sobre otro. Es un verbo masculino, activo, cruel: pica, hiere, desgarra, mancha. Y provoca una amarga, resentida satisfacción en el que la ejecuta. (...)

¿ (...) Qué es la Chingada? La Chingada es la Madre abierta, violada o burlada por la fuerza. El «hijo de la Chingada» es el engendro de la violación, del rapto o de la burla. Si se compara esta expresión con la española «hijo de puta», se advierte inmediatamente la diferencia. Para el español la deshonra consiste en ser hijo de una mujer que voluntariamente se entrega, una prostituta, para el mexicano, en ser fruto de una violación.

Octavio Paz: El laberinto de la soledad, posdata, vuelta el laberinto de la soledad. México DF: FCE, 2005 (primera edición 1981), Pág. 79–84

Vocabulario

rigor, m:	rigurosidad
urdir:	preparar en secreto
mazazo, m:	un golpe con un martillo o una herramienta parecida
picar:	provocar, molestar a una persona
zaherir:	ofender una persona
desgarrar:	rasgar, causar pena
resentirse:	sentir molestia o dolor
advertir:	darse cuenta de una cosa

Comprensión del texto

1. Escribe todos los verbos que Octavio Paz enumera para explicar el significado de «chingar»:

Ahora, ordena estos verbos según que tan violentos suenan:

más violentos menos violentos

2. El acto de «chingar», según Paz, es algo masculino. Es fuerte, activo, violento. ¿Cómo es lo femenino, según su descripción?

Interpretación

1. Haz un pequeño esquema del texto: de qué habla Paz primero, después, cuál es su conclusión.
2. Escribe todas las palabras que se deducen del verbo «chingar» y subraya sus terminaciones. ¿Qué significan?

Comentario

1. ¿Que significan las siguientes frases?

- Ya te chingaste, el último tren salió hace diez minutos.
- A Ana le puse una buena chinga: le robé su diccionario antes del examen.
- Este disco está chingón. Debes escucharlo.
- Deja de chingarme con tus problemas amorosos.

2. ¿Cuáles son sinónimos que se pueden usar para «chingar»?
   Haz un diálogo con un compañero en que aparezca el verbo en tres diferentes significados.
3. Busca en un diccionario monolingüe «chingar» y compara el resultado con la explicación de Octavio Paz.
4. ¿Conoces a gente «chingona» o a una persona que siempre es la «chingada»? Escribe un texto dónde describes un chingón (o una chingona) y un chingado (o una chingada), y explica por qué los llamas así.

Los símbolos de la patria

F

Un alumno ha escrito un informe sobre la bandera mexicana:

Historia y simbolismo de la bandera de México

(...) La bandera, el escudo y el himno nacional son símbolos de la patria que nos unen en medio del pluralismo, social, cultural y político que conforman al pueblo mexicano.

En festividades cívicas o ceremonias oficiales en que esté presente la bandera nacional mexicana, deberán rendírsele los honores que le corresponden en los términos previstos por la ley y el saludo civil simultáneo de todos los presentes. Los honores a la bandera nacional se harán siempre con antelación a los que deban rendirse a personas.

El saludo civil a la bandera se hará en posición de firmes, colocando la mano derecha extendida sobre el pecho, con la palma hacia abajo a la altura del corazón. Los varones saludarán, además, con la cabeza descubierta. El presidente de la República, como jefe supremo de las Fuerzas Armadas, saludará militarmente. (...)

En las escuelas y planteles educativos de enseñanza primaria y secundaria deberán rendirse honores a la bandera cuando menos una vez por semana. (...)

Es conveniente tener siempre presentes estos preceptos legales para no incurrir en emisiones lamentables en detrimento de nuestro lábaro patrio, porque necesitamos engrandecer y estimular nuestros ideales; el fin es enaltecer el amor a la patria.

Y ya para finalizar estos comentarios, hace algunos ayeres aprendimos en las aulas escolares unas cuartetas que de manera sencilla explican el por qué de los colores de la enseña nacional y que transcribimos como un merecido homenaje a ella.

Cuando veo ondear al año mi bandera tricolor pienso que forma su ornato la real blancura del sol.

Cuando veo los bellos campos y del bosque el esplendor pienso que de allí ha sacado el verde su color.

Y cuando veo en el ocaso mil nubes de fuego arder pienso en el rojo encendido que supo, altiva, escoger.

Miguel Angel Orilla, http://www.alumnosonline.com/mexico/bandera/

Vocabulario

escudo, m:	espacio de distintas formas con el emblema de una familia, ciudad o nación
rendir honor:	realizar actos de respeto
antelación, f:	anticipación de una acción con respecto a otra
posición de firmes:	derecho e inmóvil, como soldado
incurrir:	cometer un error
emisión, f:	actuación
detrimento, m:	daño
lábaro, m:	estandarte de los romanos con una cruz y la abreviatura de cristo, para los cristianos, el signo formado por la cruz y la abreviatura de cristo
enaltecer:	engrandecer
esplendor, m:	hermosura
ocaso, m:	cuando lentamente se va la luz en la tarde
altivo/a:	que se comporta con orgullo

Comprensión del texto

1. Responde las preguntas con frases enteras:

- ¿Cómo hay que saludar a la bandera?
- ¿Qué tienen que tener en cuenta los hombres?
- ¿Cuándo se rinden honores a la bandera?
- ¿Cada cuándo se rinden honores en las escuelas?
- ¿Cómo saluda la bandera el presidente y por qué?
- ¿Cuáles son los colores de la bandera?

2. ¿De dónde sacó la bandera de México sus colores? Pon las palabras que faltan en los espacios:

El . . . . de la bandera es del . . . . brillante, el . . . . de los . . . . y el . . . . el color del cielo en la tarde.

Interpretación

1. Explica con tus propias palabras por qué, en la opinión del autor, es importante la bandera y el culto hacia ella.
2. Ponte en el lugar del autor e imagínate: La bandera desaparece, tanto como todos los rituales. ¿Qué pasaría en su opinión? Escribe un texto.
3. Escribe un texto ficticio sobre un niño alemán que tiene su primer día en una escuela mexicana y sus compañeros le explican el saludo a la bandera.

Comentario

1. ¿Te gustaría un ritual de la bandera en tu escuela?
   - Escribe un ensayo con pro y contra.
   - Al final, expresa tu opinión.
   - Discútanlo en el salón.
2. El autor llama a la bandera «lábaro». Fíjate en lo que significa, según el vocabulario.
   - Averigua en la introducción histórica acerca de la relación estado-iglesia en México.
   - ¿Por qué, piensas, la llama así?
3. Inventa un poema sobre los colores de la bandera alemana o de cualquier país que te guste.

3. Los jóvenes en México

México es una nación joven. En el 2000, la mitad de la población tenía menos de 23 años. Es muy rara una pareja que no tiene hijos, y también se ven raras las familias con solo un niño. Así, la mayoría de los jóvenes en México crece con por lo menos un hermano o una hermana. Estadísticamente, las mujeres mexicanas tienen 2,3 hijos.

La familia es muy importante en la vida de los mexicanos, y los jóvenes se quedan mucho más tiempo en la casa de sus padres que en Alemania. Eso se debe en parte al cariño familiar y la tradición de quedarse con los papás hasta casarse para formar una propia familia, pero también a la situación económica, que a muchos jóvenes no les da la oportunidad de vivir solos. En tanto a eso, existe un diferencia entre campo y ciudad: Los jóvenes de la ciudades suelen salir más seguidos de su casa para vivir con amigos o solos.

migración interna

Otro factor que hace que los jóvenes se separen de sus familias es la migración interna. Los estados con más turismo como Quintana Roo, en el sur de México, o Baja California Sur, en el Norte, son los que más inmigrantes reciben por la oferta de trabajos más o menos bien pagados en hoteles y restaurantes. El yucateco Manuel Vásquez Tun se fue de su estado natal al caribe para encontrar un trabajo, y le va muy bien. Para la gente menos preparada, los sitios de construcción son una gran atracción en estos estados, porque también trabajos de albañiles, electricistas o plomeros son mejor pagados en las playas turísticas que en el interior de la república. Otros esperan encontrar una mejor vida en la capital y se van a la Ciudad de México en busca de trabajo.

contrastes

En esta segunda ciudad más grande del mundo, la situación de los jóvenes refleja la situación del país: Mientras que algunos ya tienen su carro a los 18 años, van con amigos a los mejores bares y toman cócteles, hay niños y jóvenes que viven en los tubos de drenaje debajo de la ciudad, que son drogadictos desde muy temprana edad, que no cuentan con ningún apoyo y cuya única idea de ganar dinero es la delincuencia.

pobreza

Mientras, en los pueblos hay muchos jóvenes que viven una pobreza muy fuerte y que no tienen la posibilidad de ir a la escuela porque trabajan duramente en el campo con sus papás. Más difícil todavía es la situación para las mujeres, porque ellas hacen tanto trabajo del hombre como de la mujer, como cuenta la chiapaneca Norma en el testimonio.

juventud en Chiapas

En el pueblo de Norma en Chiapas, seguramente ni hay una escuela primaria. Esta abarca seis años, después viene la secundaria con cuatro años. Cuando un joven sale de la secundaria tiene alrededor de 15 años. Si quieren, después estudian en una escuela preparatoria que les da acceso a la universidad. Primaria y secundaria son obligatorios, pero esta obligación a veces ni se puede cumplir: hay muchos pueblos en México que tienen escuelas, pero no hay maestros. Lo mismo pasa con los libros de texto que en México son gratuitos y generales, es decir, el estado los reparte en toda la república. Sin embargo, a veces ni llegan.

analfabetismo

Como consecuencia de estos problemas, hay una tasa alta de analfabetismo en México: en 2001 un 9,1% de la población no sabe leer y escribir, lo que es más que en Chile o Argentina, donde hay menos de 5% de analfabetos.

sexualidad y familia

Muy pronto empiezan los jóvenes mexicanos a tener su propia familia. Un 17% de los partos anuales son de mujeres de menos de 20 años. Eso pasa por parte por ignorancia hacia métodos anticonceptivos o por el sistema machista que prohíbe a las mujeres tomar decisiones acerca de su embarazo. Más del 50% de los entrevistados acerca de la «primera vez» en México reconoció que no usó ningún método anticonceptivo en esta ocasión. Pero también hay jóvenes que desean tener hijos a temprana edad y quieren disfrutar más años con sus hijos. Algunas de las opiniones acerca de este tema puedes leer más adelante.

las culturas juveniles

La cultura juvenil se define igual que la alemana por música, ropa, pensamientos políticos y preferencias culturales. Así, se distinguen los jóvenes «banda» de estilo rockero de los jóvenes «fresa», que se identifican por la música «pop».

La música en sus letras expresa las preocupaciones de los mexicanos jóvenes acerca de su sociedad. Un buen ejemplo son las letras del grupo famoso «La maldita vecindad».

En la época después de la Revolución, se trató de usar a los jóvenes para formar el «Nuevo mexicano». Lo que queda un siglo después es que la mayoría de ellos está muy cansada de la política y no se interesa por los partidos. Lucia Carrasco analiza en su artículo esta situación y exige ideas creativas para la juventud mexicana.

«Nuevo mexicano»

Por fin, estas ideas creativas van tener que desarrollarlas los jóvenes mismos, porque son los que decidirán mañana.

Un amigo mexicano

F

¡Hola! Mi nombre es Manuel Jesús Vázquez Tun. Nací en la ciudad de Tizimin, en el estado de Yucatán. Tengo 23 años, de oficio pastelero. Estoy trabajando en el estado vecino de Quintana Roo, en un hotel. Como hay mucho turismo en Quintana Roo, hay más trabajo y se paga mejor.

Soy el primero de 3 hermanos, hasta ahora me sobreviven mis dos hermanas Alejandra e Ileni, las cuales casi siempre aconsejo sobre mis experiencias que he tenido, para que no cometan los mismos errores que yo. Mi papa falleció hace 9 años de un paro cardiaco, así que soy el único varón en la familia.

En realidad me considero una persona sencilla, a quien no le importa si tienes dinero, eres **chaparro**, etc., a mí me interesa solamente la amistad. Soy una persona a lo que mi generación considera de mentalidad abierta, dispuesto a experimentar nuevas cosas y conocer individuos de todas partes. Sobre todo quisiera salir de mi país, no por que sea un país malo, sino por que me gustaría ir a conocer otros países y culturas. Soy de la nueva generación que expresa lo que piensa. En cuanto a la amistad soy del que daría la vida incluso por un verdadero amigo(a).

Soy una persona que bromea mucho, me gusta esa faceta, ¡y también soy **alburero**! Pero también tengo mi lado malo, soy muy impaciente, y un poco gruñón.

En cuanto a novias, yo busco seriedad, busco en una relación todo lo que implica. Porque yo no soy de los **chavos** de manita sudada, eso quiere decir que no pienses que sólo por agarrar tu mano tiene que pasar un mes, si me doy a entender, verdad? Como dije anteriormente soy impaciente.

En cuanto a los políticos de mi país pienso que son una mierda, porque sólo piensan en robar, son corruptos, etc., no todos, pero la mayoría sí.

Esto es una pequeña descripción, de cómo soy, y cuál es mi forma de pensar. Bye

Vocabulario

oficio, m:	profesión
fallecer:	morirse
chaparro/a:	bajo de estatura
alburear:	bromear con doble sentido, mayormente sexual
gruñón:	enojón
chavo/a:	persona joven

Comprensión del texto

Pon las palabras que faltan en el diálogo.

Lili: ¿Te cae bien Manuel?

Mauricio: Sí, es muy buen amigo. . . . . la vida por sus amigos.

Lili: A mí también me parece simpático. No le . . . . si tienes dinero o si eres . . . .

Mauricio: Sí. Es muy . . . . Pero ¡cuidado cuando se enoja! Es muy . . . .

Lili: Oye, y con las mujeres, ¿cómo es?

Mauricio: Dice que busca . . . . Y que no es de la manita . . . .

Lili: ¿Qué es eso?

Mauricio: ¡Que no va a esperar un mes para . . . . tu mano!

Lili: Ah...

Mauricio: ¿Por qué preguntas? ¿Te interesa?

Lili: No, así nada más...

2. Tu amigo/a está muy interesado/a en conocer a Manuel y te hace muchas preguntas...
- ¿De dónde es Manuel?
- ¿En qué trabaja?
- ¿Cuántos años tiene?
- ¿Tiene hermanos?
- ¿Le gusta viajar?
- ¿Qué piensa de la política?
- ¿También tiene lados malos su carácter?

Interpretación

1. ¿De qué temas habla Manuel en su carta? Estructúrala en párrafos y pon títulos.
2. Escribe una descripción: Cuáles son las partes buenas de Manuel, cuáles son las malas.
3. Las tres palabras en negritas son muy típicas para el lenguaje de los jóvenes en México. Búscalas en el diccionario monolingüe y haz una lista con los significados que encuentras.

Comentario

1. ¿Cómo traduces las tres palabras en negritas al alemán?
- Formen grupos y busquen la mejor traducción.
- Si no encuentran una traducción adecuada, ¿por qué será?
- Piensen en tres palabras típicas para los jóvenes alemanes y búsquenles en el diccionario monolingüe.

2. Elabora un texto acera de las siguientes preguntas:
- ¿Por qué menciona que sus hermanas lo sobreviven?
- ¿Por qué menciona que es el único varón en la familia?
- ¿Por qué pone énfasis en el hecho que no quiere salir del país porque sea malo?

3. ¡Contesta la carta y escribe un texto sobre ti!

Si de verdad te quieres contactar con Manuel, escríbele a manueljvc@yahoo.com.mx

D

Los jóvenes en la historia

Después de la revolución, se desarrollaron nuevas ideas para la formación de los jóvenes:

(...) la juventud, casi tanto como la niñez, se consideraban etapas biológicamente inacabadas, preparatorias para su futura vida de adultos.

La responsabilidad que el grupo en el poder delegó en los jóvenes arraigaba necesariamente en la familia, pues aunque durante los primeros años del nuevo régimen, con la difusión de la educación, la promesa de la prosperidad, el impulso del trabajo social, la creación de hospitales, de hogares para ancianos y para niños, y de otras instituciones como el Tribunal para Menores, se intentó trasladar a manos del estado funciones que tradicionalmente correspondían a la familia. (...)

Entonces, la familia prototípica fortalecida con el advenimiento del nuevo régimen sería aquella afirmada en la fe en dios y en la autoridad paterna y se perfila como la productora de individuos con una forma de pensar autoritaria; como la que se instituiría en custodio de la sexualidad conyugal (...); en la que se establecería una división sexual del trabajo que destinaría las acciones de las mujeres a la reproducción biológica y cultural de los individuos y las de los hombres al abastecimiento y representación familiar.

La formación de los jóvenes dentro de la familia de la clase media debería tender a reproducir estos esquemas y, para ello contaban con médicos, educadores y padres de familia, quienes se afanaban en «confeccionar» al nuevo mexicano. Con base en el desarrollo armónico de todas las facultades del niño y del joven cabría la formación del «carácter nacional»; y puesto que solamente con la rectitud de los criterios individuales de los hombres se pueden formar sociedades sanas, cultas y progresistas, los diversos discursos coinciden en la misma lógica de la buena formación física y mental de los individuos, en la rectitud y el decoro por una sociedad bien organizada y una patria engrandecida.

José A. Pérez Islas y Maritza Urteaga Castro-Pozo (Coord.): Historias de los jóvenes en México. México DF: Instituto Mexicano de la Juventud, 2004, Pág. 162–164

Vocabulario

arraigar:	echar raíces, basarse en
advenimiento, m:	llegada
perfilar:	empezar a ser visible o notable
instituir:	establecer una obligación o un derecho
destinar:	dar una dirección, una meta a una persona
abastecimiento, m:	entrega de las cosas necesarias
afanar:	esforzarse
caber:	tener suficiente espacio, ser posible
rectitud, f:	honestidad
discurso, m:	conjunto de ideas

Comprensión del texto

1. Las siguientes frases del resumen del texto han sido revueltas. ¡Ordénalas!

- Una buena educación física y mental fue considerada importante para el desarrollo de una sociedad sana.
- Algunos de los valores típicos en la familia eran un pensamiento autoritario y una división sexual del trabajo.
- El estado empezó a cumplir funciones que antes le correspondían a la familia.
- La juventud fue vista como una etapa preparatoria.
- Sin embargo, la familia fue muy importante para la formación de los jóvenes.
- Se trataba de «confeccionar» un nuevo mexicano.

2. El texto habla del estado y de la familia. De las siguientes acciones: ¿Cuál corresponde al estado, cuál a la familia y cuál a los dos?

- difusión de la educación
- formación del «carácter nacional»
- custodio de la sexualidad conyugal
- representación familiar
- buena formación física y mental de los individuos
- creación de hospitales

3. Une las dos frases con la conjunción adecuada: Y — aunque — para

— La familia era importante en la formación de los jóvenes . . . . el estado cumplía funciones que antes le correspondían a ella.
— Se quería formar el carácter nacional . . . . construir una patria engrandecida.
— Las mujeres se encargaban de la reproducción biológica y cultural . . . . los hombres del abastecimiento de la familia.
— La formación de los jóvenes debería fortalecer los esquemas de la familia prototípica, ... desarrollar una sociedad sana.

Interpretación

1. Escribe las metas más importantes de la educación que encuentras en el texto. Después, indica con números cuál te parece más importante y cuál te parece menos importante. Discútelo con tus compañeros.
2. Desarrolla un discurso de un educador de familia: Explica cuáles son los valores más importantes en la educación y por qué.

Comentario

1. Escribe un ensayo: ¿Cuáles funciones, en tu opinión, deberían tener el estado y la familia en la educación?
2. Averigua en tu libro: ¿En cuáles otros capítulos se habla de «engrandecer la patria», o de un «nuevo mexicano? Haz un mindmap y agrega los temas vinculados.

Diferentes grupos de jóvenes

Desde principios de los ochenta, un nuevo estilo juvenil se hace presente en México: Los chavos banda. (....) Es sobre todo la segunda generación de emigrantes del campo a la urbe la que protagoniza el movimiento. Y son sobre todo las colonias populares que circundan el DF donde emergen las bandas. Por su origen social y por su estilo se oponían a los chavos «fresa», jóvenes de clase media preocupados por la moda y el consumo, que se congregaban en las discotecas de la «zona rosa». Mientras la imagen de los chavos banda se asocia a un determinado contexto ecológico, la colonia popular; una forma de vestir, mezclilla y chamarras de cuero; una música, el rock en sus diversas variantes; una actividad, desempleo o economía sumergida; una forma de diversión, la «tocada»; un lugar de agregación, la esquina; una fuerte rivalidad con la «tira» (la policía) y, una apropiación crítica de lo norteamericano, el rock; la imagen de los chavos «fresa», en cambio, alude a otro contexto ecológico, los barrios residenciales o de apartamentos; una forma de vestir, según los cánones de la moda comercial; una música, el pop edulcorado y algo de música mexicana; una actividad, el estudio; una forma de diversión, la *discoteque*; un lugar de agregación, la «zona rosa» y los locales de moda y, una imitación de lo norteamericano, el fútbol, el consumo.

Carles Feixa: El reloj de arena. Culturas juveniles en México. México DF: Centro de Investigación y Estudios sobre la Juventud, 1998, Pág. 101/102

Vocabulario

chavo/a:	joven
circundar:	estar alrededor
DF:	Distrito Federal, la Ciudad de México
congregar:	juntarse
la «zona rosa»:	barrio de clase media en el suroeste de la Ciudad de México
mezclilla:	Jeans
sumergir:	introducir totalmente en un líquido, aqui usado como marginado
la «tocada»:	concierto
edulcorar:	endulzar

Comprensión del texto

1. ¿A cuál grupo de jóvenes pertenecen las siguientes citas?

«Me gusta la música pop.»
«Estoy estudiando derecho hace dos semestres.»
«En la noche voy a una tocada.»
«Con mis amigos voy a la disco los fines de semana.»
«No me gusta vestirme de moda.»
«Odio a los norteamericanos.»
«Vivimos en un apartamento bonito.»

2. Describe una típica chava «banda». ¿Dónde vive? ¿Qué hace? ¿Qué le gusta?

Interpretación

1. ¿Por qué los chavos «banda» se oponen a los chavos «fresa»?
2. Escribe un texto expresando tu opinión y dando razones.

Formen dos grupos, uno representa los «banda» el otro los «fresa».

- Cada grupo escribe cinco exigencias que tiene para mejorar la vida en la ciudad.
- Después, discuten las propuestas, teniendo en cuenta si son «banda» o «fresa».

Comentario

1. ¿Cuáles son los conceptos alemanes de «banda» y «fresa»?

- Escribe un texto parecido al de arriba, pero sobre dos grupos de jóvenes alemanes.
- ¿A cuál perteneces tú? ¿O no perteneces a ninguno? Discute con un compañero.

2. Averigua en el Internet acerca de los distintos barrios en el DF: Los barrios populares y los barrios residenciales. Elige uno y escribe una descripción.

El sexo y los hijos

D

Opiniones de jóvenes entre 12 y 19 años, de Tabasco, en el sureste de México, que participaron en un estudio sobre métodos anticonceptivos y maternidad/paternidad.

1. Un muchacho acerca de cómo habla del sexo con sus amigos:
«Pues platicábamos que yo me chingué a ésta, que a la otra, no pues, yo a ésta, lo normal, éramos los tipos más morbosos que ahora de grande, porque antes no lo conocíamos y era algo nuevo para nosotros y si lo platicábamos morbosamente...los que ya tenían experiencia se los platicaban a los que no tenían...» (Silverio*)

2. Muchachos acerca de un posible embarazo de su pareja:
«La verdad, yo pues la dejaría...le diría que fue su culpa y que yo no tengo nada que ver con eso. (...) Pues, porque simplemente...no es mi tipo de mujer con la que me guste y con la que me quiera algún día casar,...(si sintiera algo), (reaccionaría) de otra manera muy diferente, ahí sí la apoyaría en todo porque es la mujer que quiero (...). (Carlos*)

«Todavía no pensamos acabar la familia ahí...ya tenemos nuestro primer bebé, pensamos tener nuestro segundo bebé ya más adelante...» (Pablo*)

3. Muchachas embarazadas acerca de tener un hijo:
«Bueno, fue una cosa que sucedió, así pasó namás, yo no había pensado en hijos todavía, lo que pensaba era en la escuela, quería seguir estudiando.» (Alma*)

«Lo que pasa es que hay cosas para protegerse, pero tal vez ya era mi destino ya que, ya a mi edad, ya me quedé embarazada y cuando lo supe era demasiado tarde. No me cuidé. Cuando tuve relaciones no pensé quedar embarazada, no era mi idea.» (Marina*)

«...sí, quiero (tener un hijo, D.S.) joven porque así debe ser porque todas las muchachas deben tener hijos, porque sí.» (Esther*)

«...así tiene uno la oportunidad como de disfrutarlos más, más joven, tiene uno la oportunidad de...de andar con ellos, platicar, jugar y yo pienso que ya un poquito mayor de edad, ya no...ya no siente uno lo mismo, lo mismo para cuidar un bebé o para criarlo, no tiene uno lo mismo, el mismo ánimo...» (Marina*)

* los nombres son dados por la autora, D.S.

Esperanza Tuñón Pablos (Coord.): Género y salud en el sureste de México. México DF: Colegio de la Frontera Sur, 1999, Pág. 336, 327, 248, 289, 290.

Vocabulario

platicar:	conversar
chingar:	en este contexto: tener sexo, conquistar sexualmente. Vea capítulo identidad
morboso:	una manera de hablar de sexo de una forma detallada y machista
cuidarse:	en este contexto: usar métodos anticonceptivos

Comprensión del texto

1. Completa el diálogo con los nombres:

Marcos y Julio están platicando en la escuela.

Marcos: «¿Escuchaste lo que dice . . . . ? ¡Ya tiene su primer bebé! ¡Y quiere otro más adelante!»

Julio: «Sí, qué sorpresa, y . . . . está embarazada.»

Marcos: «Seguramente ella no se cuidó.»

Julio: «No, no lo hizo. Pero ahora está contenta porque dice que como madre joven va a disfrutar más a su hijo.»

Marcos: « . . . . dijo algo parecido. Que las muchachas deben tener hijos.»

Julio: «Pues sí, ¿pero la escuela? ¿Te acuerdas de . . . ., que también está esperando un bebé? Ella me contó que estaba pensando en terminar la escuela, no en tener un hijo.»

Marcos: «¡Así es la vida! Mi amigo . . . . dice que sólo apoyaría a su pareja con un niño si realmente la quiere.»

Julio: «Yo pienso lo mismo.»

2. La mejor amiga de Marina le cuenta a su mamá del embarazo de Marina. Escribe lo que dice, en estilo indirecto:

Marina dijo que...

Comentario

1. Busca en la introducción de este capítulo las estadísticas sobre jóvenes con hijos.
   a) Compárala con una estadística alemana y escribe un pequeño texto sobre las diferencias.
   b) ¿Por qué hay diferencias? Busca más información en el capítulo «Identidad» y en la introducción histórica.

2. ¿Cuál de los jóvenes piensa un poco como tú? ¿Por qué?

Con un compañero, inventa un diálogo entre dos de ellos.

Silverio pide tu opinión. ¿Qué hacer con su pareja embarazada? ¿Qué le aconsejas? Escríbele una carta.

Música joven

F

La* Maldita Vecindad *es un grupo de la capital mexicana que muchos jóvenes escuchan.

Un gran circo

Difícil es caminar
en un extraño lugar
en donde el hambre se ve
como un gran circo en acción;
en las calles no hay telón
así que puedes mirar
como rico espectador –
te invito a nuestra ciudad

En una esquina es muy fácil
que tú puedas ver
a un niño que trabaja
y finge sonreír,
lanzando pelotas para vivir
solo es otro mal payaso para ti.
También sin quererlo puedes ver
a un flaco extraño gran faquir
que vive y vive sin comer
¡Lanzando fuego!

Gran circo es esta ciudad
Un alto, un siga, un alto..

Es mágico este lugar
mientras más pobreza hay
más alegría se ve.
En las calles hay color,
no falta algún saxofón
al terminar la función
allá en el palco de honor
nadie podrá ya reír.

Gran circo es esta ciudad
Un alto, un siga, un alto.

La Maldita Vecindad, del álbum «El gran Circo», 1991

Vocabulario

telón, m:	Cortina corredora en el teatro que se cierra después de la función
palco, m:	compartimiento en forma de balcón en un teatro u otro lugar de espectáculos

Comprensión de texto

1. ¿Cuáles elementos del teatro se usan en el texto? Escríbelos y haz una frase con cada uno de ellos.
2. Describe los «artistas» que están en el «circo» y sus acciones.

Interpretación

1. Escribe una carta a un amigo sobre las calles de la Ciudad de México, describiendo lo que se ve y basándote en el texto.
2. Eres director y estás haciendo un videoclip para la canción. Elabora un plan con unos compañeros:

- ¿Cuáles colores van a usar?
- ¿Cómo van a hacer los cortes?
- ¿Quiénes van a ser los protagonistas del clip?
- ¿Van a aparecer los músicos o no?

Básate en las preguntas y da razones para tus respuestas.

Comentario

1. ¿Conoces situaciones en las que te sientes como si estuvieras en un circo? Escribe una reseña de la letra, diciendo si te gusta o no y dando razones. ¿Cuáles? ¡Describe una!
2. ¿Te parece bien como la canción describe la Ciudad de México? Escribe una reseña de la letra, diciendo si te gusta o no y dando razones.
3. Infórmate en internet:

- Cuántos jóvenes y niños en la Ciudad de México viven en la calle?
- ¿Qué apoyos hay para ellos?
- Presenta una organización que apoya a niños de la calle.

Los jóvenes y la política

F

Este artículo habla de los jóvenes y de las elecciones del año 2006:

(...) Uno de los grupos poblacionales que más debe ocupar la atención de los aspirantes presidenciales es el de los jóvenes. Estos representan, junto con los jóvenes adultos (18–35 años de edad), el 44% de un padrón de 70 millones de electores. (...)

En el país tenemos a muchos jóvenes profesionistas que trabajan en actividades distintas para las que se prepararon o están francamente subempleados, porque no existen los espacios para que apliquen los conocimientos adquiridos durante su etapa de estudiantes. Cada vez más jóvenes deciden irse al extranjero a trabajar, prácticamente en lo que sea . El otro factor es la fuga de cerebros de México, jóvenes brillantes que quieren investigar, inventar, desarrollar iniciativas pero no encuentran los espacios, las herramientas ni los estímulos para mantenerse en México y terminan en centros de investigación, empresas y universidades de otros países.

En consecuencia, el reto consiste en el contenido de las propuestas hacia este segmento de edad, que en realidad tome en cuenta y les explique los cómos a los jóvenes. Sobre todo ante el franco rechazo de éstos hacia los partidos políticos. El 80% de los jóvenes y jóvenes adultos no se identifica con ningún partido político, a todos los ven igual y tienen abierto rechazo hacia ellos. Sin embargo, paradójicamente, su intención de voto es arriba del 60% para estas próximas elecciones.

Hay que buscar mejores vías de acceso y comunicación con los jóvenes. Por ejemplo de los 35 millones de usuarios de conexiones únicas de internet en México el 70% de éstos tiene entre 17 y 35 años, los candidatos y los partidos deben de aprovechar esta vía privilegiada para buscar contacto y comunicación con propuestas mucho más creativas que las que hoy se observan en las páginas de Internet de los candidatos a la presidencia de la república.

Así jóvenes por México a favor de Felipe Calderón presentan como tema prioritario el empleo y como primer punto la flexibilidad de horarios laborales que permitan combinar el trabajo con los estudios. Los jóvenes de Intégrate con Madrazo presentan siete temas y el primero es procurar empleo para los jóvenes.

Lucía Carrasco, http://alternemos.blogspot.com/2006/01/artculo-milenio-jvenes-en-mxico.html, 12.01.2006

Vocabulario

aspirante, m:	alguien que aspira (quiere llegar) a un puesto
padrón, m:	registro de gente que va a votar
francamente:	obviamente
subempleado/a:	quien está demasiado bien preparado para el trabajo que tiene
herramienta, f:	instrumento
reto, m:	desafío, algo difícil que hay que enfrentar
Felipe Calderón:	candidato presidencial del partido conservador PAN (Partido de Acción Nacional) en el año 2006
(Roberto) Madrazo:	candidato presidencial del PRI (Partido de la Revolución Institucionalizada) en el año 2006

Comprensión del texto

1. ¿Verdad o mentira?

- Los jóvenes mexicanos están muy interesados en la política.
- Muchos jóvenes se van al extranjero porque no encuentran trabajo en México.
- Menos de un 40% de los jóvenes piensan votar en las próximas elecciones.
- Jóvenes por México a favor de Felipe Calderón tienen como propuesta principal subir los sueldos de los jóvenes empleados.
- Un 44% del padrón electoral en México tiene menos de 35 años.
- Los jóvenes mexicanos casi no usan internet.

2. ¿Cuáles de los temas menciona la autora en el texto?

- pon una cruz en los que no aparecen
- subraya los que aparecen y explica en una frase corta lo que dice acerca del tema

desempleo
falta de seguro social
desigualdad entre hombres y mujeres
emigración de cerebros
propuestas de los candidatos
vías de acceso a los jóvenes votadores
propaganda política en la tele que se dirige a jóvenes
jóvenes que no votan

Interpretación

1. La autora presenta hechos y también expresa su opinión. Subraya en el texto con diferentes colores las frases con hechos y las con opinión.

2. ¿Qué es lo que critica la autora? Escribe en un resumen sus puntos de crítica más importantes.
- ¿Cómo expresa su crítica?
- ¿Qué argumentos en contra de su opinión te puedes imaginar?

Comentario

1. Tú también quieres ser presidente de México. ¡Desarolla propuestas para los jóvenes!
2. Compara el texto arriba con otros del capítulo.
- ¿Encuentras argumentos que tienen en común?
- ¿Cómo los expresan los otros textos, cómo lo expresa éste?
- ¿Qué tipo de textos son, qué tipo de texto es este?

3. ¿Quién ganó, por fin, las elecciones en el 2006? Busca al presidente y sus propuestas para los jóvenes en el internet. Qué te parecen? ¿Hizo lo que propone la autora?

4. La Conquista

La conquista, la llegada de los españoles a América, cambió el destino del continente. En ese entonces, el poder más importante en México se concentró en Tenochtitlan, una ciudad construida en medio de un lago, grande y rica. Su rey era Moctezuma II. Los de Tecnochtitlán creían en el regreso de Quetzalcoatl, la serpiente emplumada, una de sus principales deidades. Cuando se anunció la llegada del conquistador español Hernán Cortés, pensaron que él era el dios que estaban esperando.

Hernán Cortés llegó en 1519 a la costa de Veracruz. Fue un hombre aventurero que no había obedecido a las órdenes del gobernador de Cuba, Diego Velásquez: Había partido a México a pesar de que Velásquez lo había prohibido. Moctezuma, temiendo que el regreso del dios no le iba a traer suerte, mandó mensajeros a Veracruz con muy valiosos regalos para Cortés. Esperaba que el español no iba a seguir su viaje. Pero el oro y las joyas de los aztecas despertaron todavía más el intéres de los recién llegados.

Hernán Cortés

En Veracruz, Cortés se encontró con una mujer que pronto se convirtió en su intérprete y amante. Esa mujer, llamada la Malinche, es uno de los personajes más importantes de la historia de México (vea capitulo Identidad). Su idioma natal era el Nahuatl, en Tabasco aprendió maya y con Cortés español. El otro intérprete de Cortés fue el padre Gerónimo de Aguilar. De Aguilar había naufragado unos años antes en la costa de Yucatán y había vivido entre los indígenas mayas, junto con el soldado Gonzalo Guerrero. Mientras Aguilar decidió irse con Cortés y ayudarle como intérprete, Guerrero se quedó con los indígenas, se casó con una princesa maya y tuvo hijos con ella. Por eso, le

la Malinche

llaman «el padre del mestizaje», de la mezcla entre indígenas y españoles. Guerrero luchó contra los Españoles.

la Conquista de Tenochtitlán

Con la ayuda de la Malinche y de Aguilar, Cortés pudo por fin vencer a Tenochtitlán, no sin antes describir su gran esplendor en sus cartas que mandaba al rey español Carlos V., para justificar su viaje. Es una de las escasas fuentes que tenemos sobre la conquista de Tenochtitlán, y la mayoría son de los españoles. Bernal Díaz de Castillo, que viajaba con Cortés, describió los eventos desde la perspectiva de un soldado. Sólo en los relatos de Fray Bernardino de Sahagún se encuentra la versión de los vencidos: Él rescató unos testimonios de los aztecas después de la caída de Tenochtitlán.

entre respeto y hostilidad

Según las fuentes españolas, al principio los aztecas recibieron muy amablemente a los españoles: Moctezuma les rindió respeto al conquistador. Pero como los españoles se sintieron atrapados en la ciudad y se dieron cuenta de la hostilidad que otros nobles aztecas sintieron por ellos, tomaron a Moctezuma II como rehén. Cuando, a los seis meses, Cortés salió de la ciudad por una batalla, los otros españoles atacaron a los aztecas. Moctezuma trató de negociar la paz. Pero se murió en esta batalla, y no es claro si fue matado por su propia gente o por los españoles. Los españoles fueron echados el 30 de Junio de 1520 de la ciudad y muchos de ellos matados. Este acontecimiento se conoce como la Noche Triste. En 1521, Cortés volvió con aliados indígenas y sitió Tenochtitlán hasta vencerlo. El nuevo rey Cuauthémoc se quedó como prisionero con los españoles hasta 1525.

la Noche Triste

Fray Bartolomé

Primero los españoles esclavizaron a los indígenas. Para ellos, no eran seres humanos con alma. Pero algunos los defendieron. Uno de los defensores más importanes de este tiempo fue Fray Bartolomé de las Casas. El autor celestino Gorrostiza imagina en su obra de taetro «La Malinche» como Fray Bartolomé discute con Cortés, porque el conquistador quiere castigar a los indígenas por su religión.

A pesar de que éste ayudara a mejorar la situación de los indígenas con su lucha por sus derechos, la Iglesia fue la fuerza más importante de la conquista. Se habla de la conquista espiritual. Llegaron frailes para traerles la «verdadera fe» a los indígenas, y usaron violencia. Uno de los más crueles fue Fray Diego de Landa, que vivía en Yucatán en el sureste. Al mismo tiempo, escribió uno de los relatos más importanes sobre la cultura maya. Fue el primero que dio testimonio de su escritura y su calendario, aunque mandó a quemar todos sus libros.

Diego de Landa

Algunos dicen que la conquista, sobre todo la conquista espiritual, todavía no ha terminado, porque sigue el intento de una integración forzosa de un pueblo a un sistema de valores occidental-capitalista.

La charla de Cortés

F

El conquistador Hernán Cortés llega a Veracruz, en el golfo de México, y habla a los habitantes del lugar. La Malinche, una indígena, le ayuda como intérprete.

CORTÉS: Quiero deciros que nos ha enviado a estas tierras el muy poderoso señor don Carlos, de quien todos nosotros somos vasallos, para mostraros las verdades de nuestra Santa Religión, y quitaros de adorar ídolos que no son dioses, sino demonios, que son malos y van a llevar vuestras ánimas al infierno. ([...] hace seña a dos soldados que sacan un cofre lleno de chucherías.) Y para demostraros que venimos como hermanos, pues no somos teules ni dioses, y que no deseamos haceros enojo ni daño alguno, vamos a rescatar vuestras joyas con algunos de los presentes que traemos para vosotros. (La mayor parte de los indígenas rodea a Cortés y a sus capitanes que empiezan a darles cuentas de vidrio a cambio de sus collares y demás objetos de oro [...]). (...)

CORTES: (a la Malinche, D.S.) ¿Explicaste bien a los naturales lo que les dije?

MALINCHE: Sí, muy bien.

CORTES: ¿Y qué contestaron?

MALINCHE: Están enojados. Dicen que apenas llegas y ya les quieres dar señor y quitarles sus dioses que son buenos y que siempre les han dado todo lo que necesitan.

CORTÉS: (estallando) ¡Que absurdo! ¡Pero no voy a discutirlo! ¡Si ellos no quieren derrocar sus ídolos, yo los voy a mandar a destruir! (...)

FRAY BARTOLOMÉ: Señor, no cures vuestra merced de importunarlos más sobre ésto, que no es justo que por fuerza les hagamos ser cristianos, y aun lo que hicimos en Tabasco de derrocarles sus ídolos, no quisiera yo que se hiciera hasta que tengan conocimiento de nuestra fe.

Celestino Gorostiza: La Malinche. En: Teatro Mexicano 1958.
México DF/Madrid/Bueños Aires: Aguilar, 1959, pag. 324/325

Vocabulario

quitar:	sacar, mover de su lugar
cofre, m:	un baúl, muchas veces, en cuentos, contiene un tesoro
chuchería, f:	objeto de poco valor, pero apreciado
teule, m:	dios
cuenta, f:	bolita perforada que sirve para hacer collares
merced, f:	aquí equivale a usted
importunar a alguien:	causar molestias a alguien

Comprensión del texto

1. Guillermo y Antonio, dos soldados de Cortés, están conversando sobre los acontecimientos. Pon los verbos en pasado o infinitivo:

Oponerse a — explicar — repartir — traducir — enojarse — destruir — destruir — convertir en — conocer

Antonio: Cortés . . . . cuentas de vidrio entre los indígenas.
Guillermo: Sí, pero luego se . . . . ¿Por qué?
Antonio: Ah, porque Cortés quería . . . . sus ídolos. Les . . . . que no eran dioses. Y Malinche lo . . . . todo.
Guillermo: Y . . . . los ídolos?
Antonio: No, porque Fray Bartolomé se . . . . Dijo que para . . . . los indígenas en cristianos ellos deben de . . . . nuestra fe.

2. ¿Qué es verdad, qué es mentira?

- Malinche quiere destruir los ídolos de los indígenas.
- Fray Bartolomé defiende a los indígenas.
- Cortés no quiere el oro.
- Cortés da chucherías a los naturales.
- Fray Bartolomé critica lo que Cortés hizo en Tabasco.
- La Malinche se enoja con Cortés.

Interpretación

1. ¿Qué dice Cortés para convencer a los indígenas de la religión cristiana? Escribe tus argumentos en frases completas.
2. Decide qué provocan: admiración — miedo — sorpresa — celos. ¿Por qué has decidido así? Hagan grupos y discutan sus ideas.

Comentario

1. ¡Con el libro y en internet, averigua más sobre Fray Bartolomé!

- ¿Viajó con Cortés? Si no: ¿Por qué, piensas, el autor lo incluyó en su obra?
- ¿Cuáles son sus ideas más importantes?
- ¿Hay instituciones o asociaciones que llevan su nombre? ¿Qué hacen?

2. Partiendo del texto: ¿Qué querían los españoles en América?

- Escribe sobre sus metas más importantes.
- ¿Las encuentras legítimas?

El choque de dos mundos

El primer encuentro entre Hernán Cortés y Moctezuma, según lo relataron testigos aztecas a Fray Bernardino de Sahagún:

Cuando él hubo terminado de dar collares a cada uno, dijo Cortés a Motecuhzoma:
– ¿Acaso eres tú? ¿Es que ya tú eres? ¿Es verdad que tú eres Motecuhzoma?
Le dijo Motecuhzoma: – Sí, yo soy.
Inmediatamente se pone en pie, se para para recibirlo, se acerca a él y se inclina, cuanto puede dobla la cabeza; así lo arenga, le dijo:
«Señor nuestro: te has fatigado, te has dado cansancio: ya a la tierra tú has llegado. Has arribado a tu ciudad: México. Aquí has venido a sentarte en tu solio, en tu trono. Oh, por tiempo te lo reservaron, te lo conservaron, los que ya se fueron, los sustitutos. (....)
Cuando hubo terminado la arenga de Motecuhzoma: la oyó el Marqués, se la tradujo Malintzin, se la dio a entender.
Y cuando hubo percibido el sentido del discurso de Motecuhzoma, luego le dio respuesta por boca de Malintzín. Le dijo en lengua extraña; le dijo en lengua salvaje:
– Tenga confianza Motecuhzoma, que nada tema. Nosotros mucho lo amamos. Bien satisfecho está hoy nuestro corazón. Le vemos la cara, lo oímos. Hace ya mucho tiempo que deseábamos verlo.
Y dijo esto más:
– Ya vimos, ya llegamos a su casa en México; de este modo, pues, ya podrá oir nuestras palabras, con toda calma.
Luego lo cogieron la mano, con lo que lo fueron acompañando. Le dan palmadas al dorso, con que le manifiestan su cariño.

Miguel León Portilla: El reverso de la Conquista. México DF: Joaquín Moritz, 1964, pag. 38/39

Vocabulario

hubo:	como es español antiguo, aquí se usa en vez de «había»
acaso:	refuerza la duda del hablante en frases interrogativas
inclinarse:	poner el cuerpo hacia abajo, aquí como señal de respeto
arengar:	hablar, animar
fatigar:	cansarse
solio, m:	trono real
El Marqués:	Jerónimo de Aguilar, acompañante de Cortés, que le ayudaba a interpretar
Malintzin, nombre propio, f:	nombre indígena de la Malinche, intérprete y amante de Cortés
dorso, m:	espalda

Comprensión del texto

1. Un reportero de TV «El antiguo Azteca» está presente en la junta de Cortés con Moctezuma y relata los hechos. Ponle los verbos que se la han perdido en presente, infinitivo o presente perfecto!

« ¡Estimado público, estoy aquí presente, en este momento histórico en que se encuentran Moctezuma y nuestro visitante Hernán Cortés!

Estamos viendo como el emperador azteca se . . . . y . . . . a Cortés. Ahora, se . . . . , ... la cabeza cuanto puede y lo . . . . !

Le dice que . . . . a México y que los sustitutos le . . . . y le . . . . su trono.

Y por la boca de Malintzin, Cortés le contesta que lo . . . . mucho, que no tiene que . . . . nada.

¡Y ahora, hasta Cortés le . . . . la mano al rey azteca, y le . . . . palmadas en el dorso para . . . . su cariño!»

2. Tú has estado presente en el encuentro de Cortés con Moctezuma. ¡Contesta las preguntas curiosas de tu familia!

a) ¿Cómo recibió Moctezuma a Cortés?
b) ¿Qué dijo Moctezuma a Cortés acerca del trono?
c) ¿Cómo trató Cortés al rey azteca?
d) ¿Qué dijo Cortés?

Interpretación

1. ¿Qué piensa Moctezuma de Cortés? Escribe unas frases sobre su pensamiento. Estas preguntas te pueden ayudar:

¿Está Moctezuma contento porque Cortés llegó? ¿Qué posición tiene para Moctezuma? ¿Qué espera de él?

2. Hagan una pequeña escenificación del encuentro. ¡Pongan atención en los gestos que describe el texto! ¿Qué expresan?

Comentario

1. Busca en la introducción del capítulo cuáles son los idiomas de Moctezuma, Cortés, la Malinche y el Marqués.

- Ahora repite la situación con unos compañeros y en idiomas que Ustedes sepan. Jueguen los papeles de Moctezuma, el Marqués, la Malinche y Cortés. Así, hagan una conversación.
- Después, conversen qué les pareció difícil de la conversación.

2. ¿Por qué llama el testigo la lengua de Cortés «salvaje»?

¿Has escuchado esta palabra para la descripción de pueblos o costumbres? Escribe un ensayo sobre el concepto del «salvaje».

Las palabras del conquistador

D

El conquistador Hernán Cortés describe la ciudad de Tenochtitlán (la llama Temixtitlán) en una carta al Rey Carlos V. de España:

(...) en el dicho llano hay dos lagunas que casi lo ocupan todo, porque tienen canoas en torno más de cincuenta leguas. Y la una de estas dos lagunas es de agua dulce, y la otra, que es mayor, es de agua salada. (...) Y porque esta laguna de agua salada crece y mengua por sus mareas según hace la mar todas las crecientes, corre el agua de ella a la otra dulce tan recio como si fuese caudaloso río, y, por consiguiente a las menguantes va la dulce a la salada.

Esta gran ciudad de Temixtitlán está fundada en esta laguna salada, y desde la tierra firme hasta el cuerpo de dicha ciudad, por cualquier parte que quisiesen entrar en ella, hay dos leguas. Tiene cuatro entradas, todas de calzada hecha a mano, tan ancha como dos lanzas jinetas. Es tan grande la ciudad como Sevilla y Córdoba. Son las calles de ella (...) muy anchas y muy derechas, y algunas de éstas y todas las demás son la mitad de tierra y por la otra mitad es agua, por la cual andan en sus canoas. (...)

Y viendo que si los naturales de esta ciudad quisiesen hacer alguna traición, tendrían para ella mucho aparejo, por ser la dicha ciudad edificada de la manera que digo, y quitados los puentes de las entradas y salidas, nos podrían dejar morir de hambre sin que pudiésemos salir a la tierra; luego que entré en la dicha ciudad di mucha prisa en hacer cuatro bergantines, y los hice en muy breve tiempo, tales que podían echar trescientos hombres en la tierra y llevar caballos cada vez que quisiésemos.

Hernán Cortés: Cartas de relación. México D.F.: Océano, 1987, Pag. 38/39

Vocabulario

llano, m:	terreno sin desniveles, sin cerros y valles
en torno:	alrededor
legua, f:	1 legua = 5572,2 metros
menguar:	perder fuerza, disminuir
marea, f:	movimiento periódico en que sube y baja el agua del mar
recio/a:	fuerte
caudaloso/a:	que tiene mucha agua
calzada, f:	camino ancho de piedras
lanzas (f) jinetes:	una lanza es un arma larga con punto y un jinete un caballero. Dos lanzas podrían ser de cuatro a cinco metros
aparejo, m:	preparación, disposición para hacer alguna cosa
quitar:	mover de su lugar
bergantín:	barco velero

Comprensión de texto

1. Elabora un mapa de la ciudad de Tenochtitlán y pon las distancias que indica Cortés.

2. Subraya los verbos que están en subjuntivo del pasado.

- ¿Cómo los traduces?
- ¿Qué otra forma de subjuntivo de pasado hay? Transforma los verbos.

3. Pon las palabras que faltan en este resumen en pasado:

Cortés construyó bergantines porque tenía miedo a una . . . .
Según Cortés, los indígenas tenían mucho . . . . para traicionar a los españoles, porque la ciudad estaba edificada . . . .
Pensó que los habitantes de Tenochtilàn podían . . . . los puentes.
Entonces, los españoles se iban a . . . . de hambre porque no podrían . . . . a la tierra.

Interpretación

1. ¿Qué es lo primero que piensa Cortés al ver Tenochtitlán?

a) que está muy bonito, como Venecia
b) que está apestoso
c) que puede ser peligroso por su ubicación en el agua
d) que es más chico que Córdoba

- ¿Cuál parte del texto comprueba tu elección?
- ¿Por qué piensas así? Discútelo con tu grupo.

2. Eres autor de una guía turística del México antiguo. Escribe un párrafo sobre Tenochtitlán y su ubicación, pero con palabras modernas y medidas modernas (kilómetros).

Comentario

1. La historia de Cortés siguió.. .¿a quién, finalmente, le sirvió la ubicación de la ciudad en el agua?

- Haz una cronología en la que pones los eventos más importantes entre la llegada de Cortés en Tenochtitlán y la caída de la ciudad.
- Piensa como Cortés: Escribe una carta ficticia de él en la que explica su estrategia para vencer a los indígenas.

2. ¿Que hay hoy en el lugar de la antigua Tenochtitlán? Infórmate en una guía turística.

- ¿Qué quedó de los edificios antiguos?
- ¿Qué quedó del agua?

El fin del rey azteca

F

El soldado Bernal Díaz de Castillo, que viajó con Hernán Cortés, describe la muerte de Moctezuma:

Montezuma se puso a un petril de una azotea con muchos de nuestros soldados que le guardaban, y les comenzó a hablar a los suyos con palabras muy amorosas, que dejasen la guerra, que nos iríamos de Méjico, y muchos principales mejicanos y capitanes bien le conocieron, y luego mandaron que callasen sus gentes y no tirasen varas ni piedras ni flechas, y cuatro d´ellos (...) llorando le dijeron: «¡Oh señor, é nuestro gran señor, y como nos pesa de todo vuestro mal y daño, y de vuestros hijos y parientes! Hacemos saber que ya hemos levantado á un vuestro primo por señor.» (...)

Y más dijeron, que la guerra que la habían de acabar, y que tenían prometido a sus ídolos de no la dejar hasta que todos nosotros muriésemos (...). Y no habían bien acabado el razonamiento, cuando en aquella sazón tiran tanta piedra y vara, que los nuestros le arrodelaban, y como vieron que entre tanto que hablaba con ellos no daban guerra, se descuidaron un momento de rodelar, y le dieron tres pedradas é un flechazo, una en la cabeza y otra en un brazo y otra en una pierna; y puesto que le rogaban que se curase y comiese, y le decían sobre ello buenas palabras, no quiso; (...) vinieron á decir que era muerto, y Cortés lloró por él, y todos nuestros capitanes y soldados; é hombres hubo entre nosotros, de los que conocíamos y tratábamos, que tan llorado fue como si fuera nuestro padre; y no nos hemos de maravillar d´ello viendo que tan bueno era (...).

Bernal Díaz de Castillo: La Conquista de la nueva España Tomo III.
México D.F.: Publicaciones Herrerías, 1938, pag. 197/198

Vocabulario

petril, m:	muro pequeño
azotea, f:	techo plano
vara, f:	palo largo y delgado
sazón, m:	momento oportuno para una acción
arrodelar:	ponerse alrededor de alguien
rogar:	pedir muy insistentemente
maravillar:	sorprenderse

Comprensión de texto

1. ¿Qué hacen las diferentes personas del texto según Castillo?
Pon los verbos:

- Moctezuma
- Soldados españoles
- Cortés
- Muchos principales mejicanos
- Cuatro principales mejicanos

2. Eres reportero del «Mensajero de Tenochtitlán» y tienes que entregar una nota sobre la muerte de Moctezuma. Tu jefe te hace las siguientes preguntas que tienes que responder en la nota:

- ¿Qué estaba haciendo Moctezuma cuando murió?
- ¿Quién lo mató?
- ¿Con qué lo mataron?
- ¿En cuáles partes del cuerpo fue herido?
- ¿Cómo reaccionaron los españoles?
- ¿Cómo reaccionaron los mexicanos?

Interpretación

1. Elaboren un diálogo en que discuten dos mexicanos: Uno es fiel a Moctezuma y sigue sus órdenes, el otro le critica.

- ¿Cuáles argumentos tienen los dos?
- ¿Qué dicen los dos sobre la muerte del rey?

2. Escribe una carta como si fueras un soldado español también y expresa tus sentimientos hacia Moctezuma que ha muerto.

Comentario

1. ¿Qué les parece el comportamiento de Moctezuma? ¿Es un traidor o un héroe? Junten argumentos.
2. Comparen el estilo del relato con el de Hernán Cortés en este capítulo. ¿Cuáles son las diferencias?

Pongan atención en:

- el uso de los verbos
- la construcción de las frases
- los adjetivos

3. Escenifiquen la escena descrita. Elaboren bien el diálogo entre Moctezuma y los mexicanos.

La crueldad de los conquistadores

El padre Dominicano Fray Bartolomé de las Casas criticó la conducta de los españoles durante la conquista en cartas que mandó a Felipe II de España:

En el año de mil y quinientos y diez y siete se descubrió la Nueva España, y en el descubrimiento se hicieron grandes escándalos en los indios y algunas muertes por los que la descubrieron. En el año de mil quinientos y diez y ocho la fueron a robar y matar los que se llaman cristianos, aunque ellos dicen que van a poblar. Y desde este año de diez y ocho hasta el día de hoy, que estamos en el año de mil quinientos y cuarenta y dos, ha rebosado y llegado a su colmo toda la iniquidad, toda la injusticia, toda la violencia y tiranía que los cristianos han hecho en las indias, porque del todo han perdido todo temor a dios y al rey, y se han olvidado de sí mesmos. Porque son tantos y tales los estragos y crueldades, matanzas y destrucciones, despoblaciones, robos, violencias y tiranías, y en tantos y tales reinos de la gran Tierra Firme, que todas las cosas que hemos dicho son nada en comparación con las que se hicieron (...).

Vocabulario

iniquidad, f:	injusticia
mesmos:	mismos
estrago, m:	daño físico muy grave
Tierra Firme:	el continente americano

Comprensión del texto

1. Escribe las fechas que de las Casas menciona en números.
Relaciónalas con los siguientes eventos:
Descubrimiento de la Nueva España – los Españoles van a poblar – la violencia es cada día peor

2. De las Casas usa muchas palabras para describir lo que hicieron los españoles. Ordénalas entre los siguientes polos:
Más teórica / Muy expresiva
Palabra moderada / Palabra fuerte

Interpretación

1. De las Casas dice que los españoles se han olvidado «de sí mesmos». ¿Cuáles son los valores importantes que olvidaron? Escríbelos basándote en el texto.
2. ¿Para qué menciona de las Casas que lo que dice es nada en comparación con lo que se hizo?

Comentario

1. Qué piensas: ¿Por qué escribe Fray Bartolomé las cartas?
2. Busca más información sobre Fray Bartolomé de las Casas y haz un folleto informativo sobre él con tus compañeros.
3. Bartolomé de las Casas defendió a los indígenas – ¿defendió así a todos los seres humanos? ¿O hubo grupos que excluyó?
4. Elaboren un texto en el cual explican por qué de las Casas ha escrito las cartas.
5. Hoy en día, ¿hay organizaciones que hacen algo parecido a lo que hizo Fray Bartolomé con sus cartas? ¿Cuáles son y cómo hacen estas?

Más adelante, Fray Bartolomé explica con más detalle lo que rechaza de los españoles:

Es aquí de notar que el título con que entraban y por el cual comenzaban a destruir todos aquellos inocentes despoblar y aquellas tierras, que tanta alegría y gozo debieran de causar a los que fueran verdaderos cristianos, con su tan grande e infinita población, era decir que viniesen a subjetarse y obedecer al rey de España, donde no, que los habían de matar y hacer esclavos. Y los que no venían tan prestos a cumplir tan irracionales y estultos mensajes, y a ponerse en las manos de tan inicuos y crueles y bestiales hombres, llamábanles rebeldes y alzados contra el servicio de Su Majestad. Y así lo escrebían acá al rey nuestro señor, y la ceguedad de los que regían las Indias no alcanzaba ni entendía aquello que en sus leyes está expreso y más claro que otro de sus primeros principios, conviene a saber: que ninguno es ni puede ser llamado rebelde si primero no es súbdito.

Fray Bartolomé de las Casas: Brevísima Relación de la destrucción de las Indias Mérida, Yucatán: Dante, 1988, pag. 35 y pag. 41

Vocabulario

gozo, m:	placer
estulto/a:	tonto
inicuo/a:	que no observa la equidad
llamábanles:	les llamaban
súbdito/a:	sujeto a la autoridad de un superior

Comprensión del texto

1. Ahora tú eres Fray Bartolomé de las Casas. Se te acerca un niño del pueblo y quiere saber acerca de qué escribes. Contesta sus preguntas usando las ideas del texto:

- ¿Por qué castigan los españoles a los indígenas?
- ¿Su fe cristiana hace que odien a otros pueblos?

- ¿Dicen las leyes de España que hay que castigar a los indígenas?
- A Usted, ¿le parece bien lo que hacen?

2. Haz un esquema de la estructura de la primera frase:

- ¿Cuál es la frase principal, cuáles son las frases subordinadas? Pon diferentes colores.
- Subraya condicional y subjuntivo. ¿Cómo los traduces?
- ¿Qué puedes poner como sinónimo de «en donde no»?

Interpretación

1. Escribe de cada frase del texto la principal idea.

a) ¿Cuál es el argumento más importante del texto?
b) ¿Cómo lo desarrolla Fray Bartolomé?

2. En base de su argumento, elabora un discurso y dalo delante de tus compañeros.

- Discute con compañeros que eligieron una opción diferente a la tuya.

Comentario

¿Cuál es el concepto que tiene Fray Bartolomé de la rebeldía indígena?
La rebeldía es:
a) Justa — injusta — peligrosa — ridícula — entendible
b) Elige uno de los conceptos y explica tu punto de vista en un texto.
¿Cómo lo ves tú? ¿Es justa la rebelión? Hagan una ronda de discusión.

La conquista religiosa

Fray Diego de Landa describió en su «Relación de las cosas de Yucatán» la conquista en la península en el sureste de México:

Que los vicios de los indios eran idolatrías y repudios y borracheras públicas y vender y comprar esclavos (....). Que la manera que se tuvo para adoctrinar a los indios fue recoger a los hijos pequeños de los señores y gente más principal, poniéndolos en torno de los monasterios en casas que cada pueblo hacía para los suyos, donde estaban juntos todos los de cada lugar, cuyos padres y parientes les traían de comer; y con estos niños se recogían los que venían a la doctrina, y con tal frecuentación muchos, con devoción, pidieron el bautismo; estos niños, después de enseñados, tenían cuidado de avisar a los frailes de las idolatrías y borracheras y rompían los ídolos aunque fuesen de sus padres, y exhortaban a las repudias; y a los huérfanos, si los hacían esclavos (los encomenderos o los mismos indios, decían) que se quejasen a los frailes y aunque fueron amenazados por los suyos, no por eso cesaban, antes respondían que les hacían honra pues era por el bien de sus almas.

Fray Diego de Landa. Relación de las cosas de Yucatán. México D.F.: Porrua, 1978, pag. 31

Vocabulario

vicio, m:	afición a una cosa, p.e. alcohol
repudio, m:	rechazar la esposa
monasterio, m:	edificio donde vive una comunidad de monjes o monjas
fraile, m:	monje
huérfano/-a:	un(a) niño/a que ha perdido a sus papás

Comprensión de texto

1. Tu eres Fray Diego de Landa y te hacen una entrevista sobre tus experiencias en Yucatán:

a) Dígame, Fray Diego, uno de los vicios de los indios yucatecos.
b) ¿Dónde los adoctrinan?
c) ¿Adoctrinan también a los niños? ¿A cuáles?
d) ¿Qué les parece la religión católica a estos niños que indoctrinan?
e) ¿Y por qué se mantienen fiel a la fe aunque sus padres estén todavía adorando ídolos?
f) ¿Cómo ayudan estos niños a los frailes?

2. Escribe todas las cosas que según Diego de Landa son malas y que hacían los indios.

3. Ahora escribe lo que hacen los niños adoctrinados en torno a estas conductas.

4. Subraya todos los verbos en pasado. Después distingue entre indefinido, imperfecto y subjuntivo y explica por qué se usa cada forma.

Interpretación

1. Desarrolla un volante en que adviertes a los indios de los vicios e invitas a los niños a la iglesia.
2. Escribe un texto ficticio sobre un niño que llega con los frailes y aprende la doctrina católica.

- ¿Qué es los que le dicen los frailes?
- ¿Cómo reacciona?
- ¿Qué le dice su familia?

Comentario

1. ¿Qué tan malos son los vicios de los indios en tu opinión?

a) Elige uno e infórmate sobre él con este libro y más literatura.
b) Después, decide qué tan dañino te parece.
c) Elabora un texto con dos partes: una histórica que recopile la información y una donde das tu opinión.
d) Júntate con compañeros que han escrito sobre otros vicios e intercambien información.

5. El mito de la Revolución

Los revolucionarios de hoy – jóvenes zapatistas en una junta en Chiapas.

La Revolución Mexicana es uno de los eventos históricos del que los mexicanos todavía están orgullosos, una revolución que resultó, parece, que sacó del poder a los que antes habían estado, que llevó al país a una nueva constitución y un nuevo partido: el Partido de la Revolución Institucionalizada, PRI. La revolución institucionalizada?

Para entender este proceso hay que conocer la historia de la revolución. Durante los veinte años de lucha revolucionaria, de 1910 hasta más o menos 1930 hubo muchas diferencias y peleas entre los líderes revolucionarios.

Porfirio Díaz

En el año en que estalló la revolución, 1910, la gente estaba muy cansada de la dictadura de Porfirio Díaz. Durante los 33 años de su régimen México estaba en paz, no hubo guerras. Pero la paz tuvo un costo: no hubo elecciones libres, ni libertad de opinión, ni de prensa. La tierra le pertenecía a grandes terratenientes que usaban a la población pobre como esclavos. Todo intento de oposición fue callada por la policía de Díaz, los temidos rurales. Cuando en 1908 Díaz anunció a un periodista estadounidense que no iba a ser presidente otra vez, en todo el país se formaron clubes de oposición. Su adversario fue Francisco I. Madero, pero cuando realmente llegó el día de las elecciones, Díaz encarceló a Madero. Éste huyó a los Estados Unidos, y desde allá anunció el principio de la revolución para el 20 de Noviembre de 1910, a las 18h de la noche.

Los revolucionarios

Los revolucionarios que siguieron a su llamado tenían metas muy diferentes: Mientras que el político opositor Venustiano Carranza y el general Álvaro Obregón aspiraban al poder central, los líderes indígenas campesinos Pancho Villa y Emiliano Zapata lucharon por la devolución de las tierras que los terratenientes habían robado a los

Zapata

campesinos y se enfocaron más en su región – Zapata como «caudillo del sur» en Morelos y Villa como «caudillo del norte» en Chihuahua y Durango. Todos juntos vencieron a Díaz, que huyó a Europa, pero después empezaron a pelear entre sí. Zapata quiso repartir las tierras y se opuso a Madero. En el «Plan de Ayala» planteó las reformas agrarias que para él eran indispensables.

Sin embargo, Obregón, Carranza, Villa y Zapata se unieron otra vez cuando Madero fue derrocado por el general Victoriano Huerta, y lograron sacar a Huerta del poder. Después se vieron confrontados con el problema y la oportunidad de reorganizar el país. Para eso, Carranza invitó a sus tres aliados a la capital. Pero Villa y Zapata tenían planes propios y nombraron un presidente. Mientras Carranza y Obregón escaparon a Veracruz, los dos luchadores campesinos llegaron triunfando a la capital – pero no se quedaron mucho tiempo, porque lo que les interesaba fueron sus tierras de origen y que hubiera justicia para los campesinos. En una de las tantas novelas de la revolución, «los de abajo», Mariano Azuela describe qué tan lejos estaban tanto los líderes como los revolucionarios mismos de la política.

lucha por el poder

Los siguientes años fueron una lucha por el poder que por fin ganaron los poderosos de antes: la clase media mestiza. Tanto Villa como Zapata fueron matados por sus adversarios políticos. Carranza se convirtió en el nuevo presidente de México y promulgó la nueva constitución que contenía muchos derechos laborales. El artículo 27 garantizaba la devolución de la tierras latifundistas a los campesinos y fue uno de los logros de Zapata.

Pero las luchas todavía no cesaron: Carranza fue matado por Obregón, quien a su vez fue matado en 1928.

Plutarco Elías Calles

Su sucesor, Plutarco Elías Calles, empezó el proceso de la institucionalización para pacificar el país y unir las fuerzas diversas. Para eso, en 1929 fundó el partido de la Revolución Nacional y empezó a organizar todo el pueblo mexicano en organizaciones adherentes a este partido. Su sucesor Lázaro Cárdenas siguió con este plan, y además realizó las reformas agrarias y sociales más decididas de la historia mexicana. En 1938 nacionalizó el petróleo – un acto que lo hizo famoso. El día de nacionalización es un día festivo hasta hoy.

PRI

En las próximas décadas, el poder en México estuvo siempre en manos del partido de la revolución, que a partir de los años cuarenta se llamaba PRI.

Con el transcurso de los años, los diferentes presidentes del PRI abrieron la economía antes protegida. Sobre todo en los años setenta, movimientos opositores fueron derrocados con mucha violencia. Esta época se conoce como los años de la «guerra sucia». Elena Poniatowska ha escrito un libro de testimonios sobre el acontecimiento más horrible de estos años – la matanza de cientos de estudiantes en el barrio Tlatelolco de la capital. Al mismo tiempo, el presidente Díaz Ordaz hablaba de los logros de la revolución, que todavía servía como mito de unidad nacional.

El PRI gobernó hasta el año 2000, cuando por fin ganó el partido opositor conservador PAN con su candidato Vicente Fox. Desde entonces, México está desarrollando sus instituciones democráticas.

el fin de los gobiernos revolucionarios

La revolución, aunque ha matado tantos mexicanos como la guerra de la independencia o la caída de Tenochtitlán, todavía es un mito fundador de la nación mexicana. Hay calles que llevan el nombre de ella y de todos los adversarios de la lucha revolucionaria.

Y desde 1994, el Ejército Zapatista de Liberación Nacional trata, por fin, de llevar acabo las reformas exigidas por el caudillo del sur.

La Revolución forma la nación

El científico Enrique Krauze acerca del significado de la revolución en la cultura mexicana:

La Revolución – así, con mayúscula, como un mito de renovación histórica – ha perdido el prestigio de sus mejores tiempos: nació en 1789, alcanzó su cenit en 1917 y murió en 1989. Pero hubo un país que conservó intacta la mitología revolucionaria a todo lo largo de los siglos XX y XXI: México. Cada ciudad del país y casi cada pueblo tiene al menos una calle que conmemora la Revolución. La palabra se usa todavía con una carga de positividad casi religiosa, como sinónimo de progreso social. Lo bueno es revolucionario, lo revolucionario es bueno. (....)
Para quienes habían sido sus protagonistas y simpatizantes, la Revolución quedaría por siempre <u>ligada</u> a los imágenes épicas y anónimas de un pueblo en armas: el hombre en el <u>paredón</u>, a punto de ser <u>fusilado</u>, fuma tranquilamente su cigarro; los cuerpos colgados de los postes de ferrocarril, como macabras <u>banderolas</u>; la soldadesca que sigue a su hombre («su Juan»), con el niño en la espalda envuelto en su <u>rebozo</u>. El pueblo recordaba la revolución de manera distinta (*que los historiadores, D.S.*), no como un hecho perteneciente al orden humano sino al natural divino, como los temblores de tierra y las sequías (...).

Enrique Krauze: Biografia del poder – caudillos de la revolución mexicana. Edición original en lengua española publicada por Tusquets Editores México, S.A. de C.V., 1997, Pág. 15

Vocabulario

ligar:	atar, sujetar
paredón:	muro contra el que se ponía a los que se iba a fusilar
fusilar:	matar con un disparo de una pistola, rifle etc.
banderola, f:	bandera pequeña que se usa para indicar algo
rebozo, m:	manto cuadrado que las mujeres de la clase baja usan para.abrigarse

Comprensión del texto

1. ¿Qué significa la Revolución en México? Pon las palabras que faltan.

México ha conservado la . . . . revolucionaria.
La palabra tiene una carga de . . . . casi . . . .
«La Revolución» es un sinónimo de . . . . social.
Lo revolucionario es . . . ., lo bueno es . . . .
El pueblo recuerda la revolución como un hecho perteneciente al . . . . divino.

2. Describe las imágenes de la segunda parte del texto en pasado, como si las hubieras visto ayer.

¿Con cuáles adjetivos y substantivos describe Krauze la Revolución? Haz una lista.
¿Para qué usas estas palabras?

Interpretación

1. Dibuja una de las imágenes que Krauze describe en la segunda parte del texto.

2. ¿Qué pasó en los años 1789, 1917 y 1989?

a) Hagan una línea de tiempo con las tres fechas y agreguen algunos hechos históricos.

b) Después, pongan las frases de Krauze acerca de las tres fechas.

c) Pongan en la cronología la revolución mexicana y escriban algunos de los pensamientos de Krauze.

Comentario

1. ¿Estás de acuerdo con la interpretación de Krauze acerca de las tres fechas históricas?

- ¿Cuál es la más importante para ti? Decide y escribe un informe histórico.
- Argumenta porque estás / no estás de acuerdo con Krauze.

2. Busca fotos de la Revolución Mexicana.

- ¿Te parece adecuado cómo Krauze describe las imágenes típicas?
- Haz la descripción de una de las fotos.
- Escribe una historia inspirada en una de las fotos.

3. ¿Qué es la «Revolución» para ti? Haz un debate con tus compañeros.

- ¿Hemos tenido una revolución en Alemania?
- ¿Qué significado tiene en comparación con la de México?

Lo que cambió la Revolución

D

Ramon Beteta formaba parte del gobierno PRIista. En una charla en los años 30 explicó así los beneficios de la Revolución.

La Revolución, pues, es la fuerza más importante en México. Ha estado en actividad desde hace años, y lo seguirá estando por mucho tiempo aún. De consiguiente, hay que recordarla siempre cuando se expone el problema agrario, o se justifica la labor de los sindicatos de trabajadores, o se explica la separación de la Iglesia y del Estado, o se habla de la nacionalización de los recursos naturales del país. Porque la Revolución es una fuerza fundamental en México (...).

(....) la Revolución, en su aspecto constructivo, trata de realizar las reformas capaces de dar a nuestro pueblo una oportunidad de mejorar su condición, de expresarse y conducirse a sí propio por medios distintos de los violentos y destructores. Se esfuerza por crear un sistema político, económico y social en el que las revoluciones ya no sean necesarias. (...)

Ramón Beteta: Pensamiento y Dinámica de la Revolución Mexicana. México, DF: México Nuevo, 1950, Pág. 75/76

Vocabulario

de consiguiente:	por tanto
exponer:	aquí: poner en peligro
propio:	aquí: en vez de mismo

Comprensión del texto

1. Según Beteta, ¿cuáles son los logros de la revolución?
2. ¿Cuáles son las contrapartes de cada uno de estos logros?
3. Imagínate que eres un mexicano revolucionario... Le cuentas a tus compañeros qué es lo que la revolución quiere... de Ustedes!

Formula frases empezando, por ejemplo, así: *Quiere que tratemos de realizar...*

Interpretación

1. Desarrolla con un compañero un volante en que aprecian los valores y logros que la Revolución, según el texto, defiende.
2. Eres un crítico de la Revolución. Escribe un comentario en el que planteas todo lo que no te gusta de sus logros, y por qué.

Comentario

1. Elige uno de los logros de la Revolución que te interese. Busca en la introducción histórica y en la biblioteca información acerca de las siguientes preguntas:

- ¿Cómo es la situación hoy?
- ¿Cuáles organizaciones o institutos defienden el logro de la Revolución?
- ¿Quiénes lo rechazan?

2. ¿En Alemania, estos logros son importantes también? ¿Por qué o por qué no?

- Haz una ronda de discusión con tus compañeros

Zapata, el caudillo del sur

F

Emiliano Zapata es uno de los héroes más conocidos de la Revolución Mexicana. Así fue la percepción que la gente del pueblo Milpa Alta, en el suroeste de la Ciudad de México, tuvo de Zapata cuando vino:

«Lo primero que supimos de la Revolución fue que un día llegó un gran señor Zapata de Morelos. Y se distinguía por su buen traje. Traía sombrero ancho, polainas y fue el primer gran hombre que nos habló en mexicano. (...) Cuando todos estos hombres entraron a Milpa Alta se entendía lo que decían. (...)
El señor Zapata se puso frente de sus hombres y así le habló a toda la gente de Milpa Alta: «¡Júntense conmigo! Yo me levanté; me levanté en armas y traigo a mis paisanos. Porque ya no queremos que nuestro padre Díaz nos cuide. Queremos un presidente mucho mejor. Levántense con nosotros porque no nos gusta lo que nos pagan los ricos. No nos basta para comer ni para vestirnos. También quiero que toda la gente tenga su terreno; así lo sembrará y cosechará maíz, frijolitos y otras semillas. ¿Qué dicen ustedes? ¿Se juntan con nosotros?»

Vocabulario

polaina:	pantalón que llega hasta la rodilla
mexicano:	aquí: el idioma indígena náhuatl
frijol, m:	judía, poroto, alubia

Comprensión del texto

1. En el texto, ¿qué dice la persona de Milpa Alta y qué dice Zapata?
- «...se distinguía por su buen traje....»
- «....quiero que toda la gente tenga su terreno...»
- «¿Se juntan con nosotros?»
- «...se entendía lo que decían.»
- «Queremos un presidente mucho mejor.»

2. Haz una lista de los verbos del texto, y ponlos en éste orden:
Presente pasado futuro

Interpretación

1. ¿Qué es lo que más impresiona al testigo de Milpa Alta de Zapata? ¿Por qué, piensas, es así?
2. ¿Qué es lo que quiere Zapata? Haz una lista de sus exigencias.

Comentario

1. ¿A quién critica Zapata? Averigua más sobre este personaje en tu libro.
2. Escribe un texto literario: Tú has estado en Milpa Alta y reflexionas qué te pareció el discurso de Zapata.

Aquí Zapata habla con el Presidente Madero, en el año 1911:

«– Mire, señor Madero, si yo, aprovechándome de que estoy armado, le quito su reloj y me lo guardo, y andando el tiempo nos llegamos a encontrar, los dos armados con igual fuerza, ¿tendría derecho a exigirme su devolución?

«– Sin duda – le dijo Madero – ; incluso le pediría una indemnización.

«– Pues eso, justamente – terminó diciendo Zapata –, es lo que nos ha pasado en el estado de Morelos, en donde unos cuantos hacendados se han apoderado por la fuerza de las tierras de los pueblos. Mis soldados (los campesinos armados y los pueblos todos) me exigen (que, D.S.) diga a usted, con todo respeto, que desean (que, D.S.) se proceda desde luego a la restitución de sus tierras».

Enrique Krauze: Biografía del poder – caudillos de la revolución mexicana. Edición original en lengua española publicada por Tusquets Editores México, S. A. de C.V., 1997, Pág. 105 y 121/122

Vocabulario

quitar:	separar algo de un lugar o de una persona, aquí: robar
guardar:	quedarse con algo, poner algo en un lugar protegido
indemnización, f:	lo que se paga por un perjuicio o un daño
proceder:	seguir adelante una acción
restitución:	acto de devolver

Comprensión del texto

1. Después de la conversación entre los dos líderes, la gente hablaba muchas cosas diferentes....¿Qué es invento y qué es verdad?

a) «¿Lo oíste? Zapata apuntó a Madero con una pistola y le robó su reloj...»
b) «Zapata estaba armado en el encuentro, y Madero no.»
c) «Zapata le habló a Madero sobre los problemas que tiene la gente en Morelos.»
d) «¡Madero se enojó mucho y lo corrió de su palacio!»
e) «Los dos hablaron de las fábricas de azúcar.»

2. Eres un reportero de la Revolución. Describe el encuentro entre Zapata y Madero, usando el pasado y el estilo indirecto.

Interpretación

1. Zapata compara dos cosas...¡une las palabras! ¿Qué equivale a qué?

El reloj	el pueblo armado luchando
Zapata armado	los hacendados
Madero sin armas	las tierras
Madero con armas en el segundo encuentro	el pueblo indefenso sin armas

2. Qué piensas: ¿Por qué Zapata habla así a Madero? Elige una opción y explica tu elección en un texto.

Comentario

1. Averigua en la introducción del capítulo: ¿Cómo era la situación en el año 1911? ¿Cuáles fueron las diferencias entre Madero y Zapata?
2. Imagínate: Vas con el presidente y exiges más derechos para tu pueblo. ¿Cómo lo haces?
- Trabajen en equipo y formulen un pequeño discurso.
- Después, hagan una competencia de discursos. ¿Cuál es el que más convence?

Comentario de los dos textos

Usando los dos textos, la información histórica de tu libro, la foto y la caricatura de Emiliano Zapata, elabora una descripción de él como personaje.

«¡Es mejor morir de pie que vivir de rodillas!» (E. Zapata)

El Atuendo de Moda

Publicación: Multicolor, 2 de noviembre de 1911, No. 25.

Los revolucionarios

Esto es parte de la novela «Los de abajo» de Mario Azuela. Cuenta del general Demetrio y sus hombres que lucharon como revolucionarios en el norte de México. Venancio y Valderrama son dos de los que forman parte de su grupo armando.

— ¿Ya sabe usted las nuevas? – le dijo Venancio con mucha gravedad.
— No sé nada.
— ¡Muy serias! ¡Un desastre! Villa derrotado en Celaya por Obregón. Carranza triunfando por todas partes. ¡Nosotros arruinados!

El gesto de Valderrama fue desdeñoso y solemne como de emperador.
— ¿Villa?... ¿Obregón?...¿Carranza?...¡X...Y...Z...! ¿Qué se me da a mí?...¡Amo la revolución como amo al volcán que irrumpe! ¡Al volcán porque es volcán, a la revolución porque es revolución!...Pero las piedras que quedan arriba o abajo, después del cataclismo ¿qué me importan a mí?... (...)
— Le tengo voluntá a este loco – dijo Demetrio sonriendo -, porque a veces dice unas cosas que lo ponen a uno a pensar.

Se reanudó la marcha, y la desazón se tradujo en un silencio lúgubre. La otra catástrofe venía realizándose callada, pero indefectiblemente. Villa derrotado era un diós caído. Y los dioses caídos ni son dioses ni son nada.

Cuando la Codorníz habló, sus palabras fueron fiel trasunto del sentir común:
— ¡Pos ahora sí, muchachos...cada araña por su hebra!...

Mariano Azuela: Los de abajo. México DF: FCE, segunda edición 1960, Pág. 138/139

Vocabulario

gravedad, f:	aquí: importancia
desdeñoso/a:	demostrando desprecio
solemne:	demostrando seriedad, gravedad
cataclismo, m:	gran desastre, producido por un fenónemo natural
tener voluntad a alguien:	(habla coloquial) querer a alguien
reanudar:	seguir haciendo algo anteriormente interrumpido
desazón, f:	nerviosismo
indefectiblemente:	que no se puede evitar
trasunto, m:	reflejo
hebra, f:	hilo

Comprensión de texto

1. Pon los nombres correspondientes en los espacios:

- . . . . fue derrotado.
- . . . . lo derrotó.
- . . . . triunfó.

2. ¿Cuál está en contra, cuál a favor de los rebeldes?

3. Y ¿qué dicen los personajes? Pon los nombres:
- . . . . trae la novedad de la derrota.
- . . . . sólo ama a la Revolución.
- . . . . quiere a. . . . .
- . . . . refleja en sus palabras lo que sienten todos.

4. En el texto, se usan muchas metáforas. ¿Cuáles elementos se usan para las metáforas, cuáles no?
- el volcán
- el caballo
- la araña
- el dios caído
- el viaje
- el cataclismo
- el río
- las piedras

Interpretación

1. Escribe las metáforas que se usan en el texto.

¿Qué describen? Subraya las frases correctas:
- la revolución
- cada uno se va por su lado
- cada hombre necesita un buen amigo
- un líder que perdió su poder
- la soledad
- no hay que ser cobarde en la lucha

2. ¿Cómo ve Valderrama la Revolución? Descríbelo en un texto.

Comentario

1. «(...) los dioses caídos ni son dioses ni son nada» – ¿qué te parece esta frase?
- Elabora con un compañero una explicación de lo qué significa esta frase.
- Después, escriban una segunda parte expresando su opinión acerca de ella.

2. Busca información acerca de Pancho Villa. ¿Cuándo y cómo cayó? ¿Qué pasó después?

3. ¿Qué te parece el estilo de la novela?
- ¿Cómo hablan los personajes?
- ¿Cómo es el lenguaje dcl resto del texto?

Las reformas de Lázaro Cárdenas

D

Fracciones del texto leído por el Presidente Lázaro Cárdenas, en el Palacio Nacional el 18 de marzo de 1938, decretando la Nacionalización de la Industria Petrolera en México:

«Se trata de un caso evidente y claro que obliga al Gobierno a aplicar la Ley de Expropiación en vigor, no sólo para someter a las empresas petroleras a la obediencia (…), sino porque habiendo quedado rotos los contratos de trabajo entre las compañías y sus trabajadores, por haberlo así resuelto las autoridades del trabajo, de no ocupar el Gobierno las instituciones de las compañías, vendría la paralización inmediata de la industria petrolera, ocasionando esto males incalculables al resto de la industria y a la economía general del país.»

«Las compañías petroleras han gozado durante muchos años, los más de su existencia, de grandes privilegios para su desarrollo y expansión; de franquicias aduanales; de exenciones fiscales y de prerrogativas innumerables, y cuyos factores de privilegio, unidos a la prodigiosa potencialidad de los mantos petrolíferos que la nación les concesionó, muchas veces contra su voluntad y contra el derecho público, significan casi la totalidad del verdadero capital de que se habla.»

«Planteada así la única solución que tiene este problema, pido a la nación entera un respaldo moral y material suficiente para llevar a cabo una resolución tan justificada, tan trascendente y tan indispensable.»

«(…) queremos decir que nuestra explotación petrolífera no se apartará un sólo ápice de la solidaridad moral que nuestro país mantiene con las naciones de tendencia democrática y a quienes deseamos asegurar que la expropiación decretada sólo se dirige a eliminar obstáculos de grupos que no sienten la necesidad evolucionista de los pueblos, ni les dolería ser ellos mismos quienes entregaran el petróleo mexicano al mejor postor, sin tomar en cuenta las consecuencias que tienen que reportar las masas populares y las naciones en conflicto.»

http://es.wikipedia.org/wiki/Nacionalizaci%C3%B3n_del_petr%C3%B3leo_en_M%C3%A9xico

Vocabulario

someter:	imponer dominio por la fuerza
franquicia, f:	privilegio que libera a una empresa de impuestos
exención, f:	liberación de una obligación
prerrogativa, f:	ventaja
prodigioso/a:	milagroso
manto, m:	capa intermedia de la tierra
postor, m:	alguien que ofrece cierta cantidad de dinero

Comprensión del texto

1. Alguien hizo preguntas al presidente Cárdenas, pero ha revuelto las respuestas. Une pregunta y respuesta adecuada:

Respuestas:

1) Vendría la paralización inmediata de la industria petrolera, y esto podría ocasionar males incalculables a la economía general del país.
2) Las compañías petroleras han gozado durante muchos años de grandes privilegios para su desarrollo y expansión.
3) Por ejemplo franquicias aduanales, exenciones fiscales y prerrogativas innumerables.
4) Pido a la nación entera un respaldo moral y material.
5) Queremos asegurar que la expropiación decretada sólo se dirige a eliminar obstáculos de grupos que no sienten la necesidad evolucionista de los pueblos.

Preguntas:

a) ¿Cuáles son las ventajas que han tenido las compañías petroleras?
b) ¿Cómo piensa incluir a los mexicanos en este proceso de expropiación?
c) ¿Es este acto una declaración de guerra a todos los actores internacionales?
d) ¿Por qué tienen tantos recursos las compañías petroleras?
e) ¿Por qué tiene que actuar ahora? ¿Qué pasaría si no lo hiciera?

Escribe un resumen del discurso en pasado y tercera persona. Usa el estilo indirecto cuando sea necesario.

Interpretación

1. Cada uno de los párrafos tiene un fin concreto. ¿Cuál de los siguientes verbos va con cuál párrafo?

- Decide primero.
- Después, escribe en un texto por qué los verbos van con los párrafos correspondientes.

Argumentar — pedir — anunciar — advertir — explicar

2. Cómo lo pone Cárdenas: ¿Quiénes son los «buenos» y quiénes son los «malos»? Escríbelo en un texto y menciona sus argumentos.

Comentario

1. Busca en la introducción histórica: ¿Cómo reaccionaron los mexicanos cuando se expropió el petróleo? ¿Cómo reaccionarías tú si se hiciera en tu país?
2. Busca en internet la compañía mexicana del petróleo y averigua si todavía es estatal. ¿Cuáles son sus principales valores?
3. Si comparas el discurso de Cárdenas con el texto de Ramón Beteta sobre la Revolución y su significado: ¿En qué coincide el acto de Cárdenas con las metas revolucionarias? Para más información, usa la introducción del capítulo.

La Revolución mata al pueblo

En el 1968 fue el auge de las protestas estudiantiles contra el régimen del PRI. Terminó tristemente en la matanza de cientos de estudiantes en el barrio capitalino Tlatelolco, en la Plaza de las Tres Culturas, el 2 de Octubre. La periodista mexicana Elena Poniatowska ha rescatado testimonios alrededor del movimiento estudiantil antes y después de Tlatelolco, y los publicó en su libro «La noche de Tlatelolco».

1. (...) ¿Puede hablarse de sólidas tradiciones democráticas cuando de hecho no hay más que un partido político? ¿Cuando en las cámaras no se admiten candidatos de otro partido o sólo se aceptan algunos para dar la engañosa apariencia de una oposición? ¿Y qué decir de la sólida tradición del «tapado», o sea el misterio que el presidente en el poder y sus consejeros guardan hasta el último momento para anunciar a través del partido oficial, el PRI, quién debe ser el candidato a la presidencia? (...)
   Estos trucos políticos, estas trampas son los que hastiaron a los jóvenes estudiantes que encuentran frente a ellos todas las puertas cerradas y todos los puestos asegurados para los políticos del PRI, a menos de que «se alinien» (...)

   Prof. M. Mayagoitia, carta a Le Monde, 7 de Octubre de 1968

2. Yo creo que pase lo que pase, tarde o temprano todos van a dar al PRI...Entonces, ¿para que tanto brinco estando en suelo parejo?

   Gonzalo Carranza Rojo, dueño de un garage

3. Pienso que la fuerza y la importancia del Movimiento Estudiantil se la dio en la represión. Más que ningún discurso político, el hecho mismo de la represión politizó a la gente y logró que la gran mayoría participara activamente en las asambleas. Se decretó que en cada escuela habría paros y allí mismo surgió la idea de las brigadas y de los comités de lucha en cada facultad. Los brigadistas eran muchachos y muchachas de la base estudiantil que realizaban todo tipo de actividades, desde recolectar dinero hasta hacer mítines relámpago en la calle, en los barrios más alejados, en las colonias proletarias. Las grandes manifestaciones fueron una de las armas políticas más eficaces del Movimiento.

   Carolina Pérez Cicero, estudiante de la facultad de filosofía y letras de la UNAM

4. El gobierno de la república está en la mejor disposición de recibir a los representantes de los maestros y estudiantes de la UNAM, del IPN y de otros centros educativos vinculados al problema existente, para cambiar impresiones con ellos y conocer en forma directa las demandas que formulen y las sugerencias que hagan, a fin de resolver en definitiva el conflicto que ha vivido nuestra capital en las últimas semanas y que ha afectado en realidad, en mayor o menor grado, a todos sus habitantes.

   Luís Echeverría, Secretario de Gobernación, 22 de agosto de 1968

5. Yo nunca he pensado realmente en Zapata como en un símbolo estudiantil, un emblema. Zapata ya está integrado a la ideología burguesa; ya se lo apropió el PRI (...).

Claudia Cortés Gonzáles, estudiante de Ciencias Políticas de la UNAM

6. (...) En la facultad de derecho, todos son presidentes en potencia. Eso sí, en los primeros años son chavos bien revolucionarios (...). En esos años tienen una formación marxista-leninista a muerte y al final no son más que unos pinches burócratas porque ni en Economía ni en Derecho ni en Ciencias Políticas, ni en Filosofía y letras ni en Humanidades van a resolver problemas concretos del país. (...)

Salvador Martínez de la Rocca,
Pino, del Comité de Lucha de la facultad de Ciencias de la UNAM

Elena Poniatowska: La noche de Tlatelolco, México DF: Era 2001, Pág. 21, 96, 16, 36, 40, 35/36

Vocabulario

cámara, f:	partes del congreso mexicano: el senado y la cámara de diputados
tapar:	cubrir
truco, m:	acto engañoso para lograr un fin
trampa, f:	aparato para cazar animales, plan para engañar a alguien
hastiar:	aburrir
alinearse:	adaptarse
brinco, m:	salto
parejo/a:	sin diferencia de nivel, plano
asamblea, f:	reunión de personas que pertenecen a una organización o tienen algo en común
mitin, m:	reunión popular pública donde un orador pronuncia un discurso político o social
relámpago, m:	rayo, aquí: muy rápido, espontáneo
UNAM, f:	Universidad Nacional Autónoma de México
IPN, m:	Instituto Politécnico Nacional, tipo Fachhochschule
Secretario de Gobernación:	Ministro del Interior en México
apropiarse de:	adueñarse, apoderarse de algo
chavo/a:	joven, muchacho/a
pinche:	palabra mexicana que expresa desprecio, maldito

Comprensión del texto

1. ¿Cuál opinión le pertenece a quién? Escribe los nombres.

- El gobierno está dispuesto a negociar con los estudiantes: . . . . . .
- El Movimiento Estudiantil se fortaleció por la represión: . . . . . .
- En México no hay tradiciones democráticas: . . . . .
- El PRI ya se apropió de Zapata: . . . . . .
- Finalmente todos se integran al PRI: . . . . . .
- Muchos de los chavos que al principio son muy revolucionarios después se convierten en burócratas: . . . . . .

2. Imagínate que has estado en una conferencia de prensa con todos los testigos arriba mencionados. Escribe un breve artículo en que resumes en pasado la opinión de cada uno.

- Usa el estilo indirecto y expresiones como: Mientras que..., sin embargo..., al contrario de..., también..., tanto...como, apoyando la opinión de...

Interpretación

1. De las diferentes opiniones, algunos critican mucho al gobierno, otros no. Ordena las opiniones entre los dos extremos:

Gobierno Crítico

a) ¿Qué es lo que critican del PRI los testigos? Resume los argumentos.
b) Ordena las diferentes opiniones según el tipo de leguaje:

Formal normal coloquial

2. Lee otra vez la opinión de Luís Echeverría. Con lo que te dicen los otros testigos, ¿cuál es tu opinión sobre sus palabras? Discute con un grupo de compañeros:

- ¿Creen que el gobierno va a escuchar a los estudiantes? ¿Por qué?
- Elaboren un carta en la que le contestan y le hacen propuestas para una conversación.

Comentario

1. El año 1968 es muy famoso por sus movimientos estudiantiles. Hagan un trabajo de grupo:

- Cada uno elige un país (México, Alemania, Francia, Corea del Sur, Estados Unidos – California) y averigua acerca de los movimientos estudiantiles de este año. Después, cada uno expone sus resultados. Finalmente, comparen los movimientos.

2. Elige uno de los testigos y escribe una carta al lector para un diario mexicano, expresando su opinión acerca del Movimiento Estudiantil.

3. Busca en Internet información acerca de Luís Echeverría. ¿Qué ha sucedido con él últimamente?

6. Los pueblos indígenas de México

Fuera del español, en México se hablan 56 lenguas indígenas. Se distinguen entre sí tanto como el sueco del italiano. Algunos de los indígenas practican una propia religión y ejercen ceremonias, por ejemplo para pedir lluvia o limpiar un terreno de malos espíritus.

Chiapas, Oaxaca y Yucatán, en el sureste, son los estados con la mayor población indígena. Muchos de ellos viven en una situación marginada. Gran parte de los 18 millones de mexicanos que según la ONU son «extremadamente pobres» viven en regiones indígenas.

Ya antes de la llegada de los españoles había mucha desigualdad en las sociedades indígenas. Cuando arribó Hernán Cortés a Veracruz, en 1519, los diferentes pueblos estaban en guerra entre sí y había algunos centros del poder. El más importante era Tenochtitlán, de los aztecas, que se encontró donde hoy está la Ciudad de México. Para vencer a Tenochtitlán, Cortés colaboró con varios pueblos indígenas que estaban en guerra con Moctezuma, el Rey de Tenochtitlán.

Moctezuma, Rey de Tenochtitlán

Los españoles obligaron a los vencidos a dejar su religión y volverse cristianos. Muchos se murieron por enfermedades traídas de Europa. La sociedad colonial era una sociedad clasista-racista. Arriba estaban los españoles, después los mestizos, hijos de españoles e indígenas, y algunos nobles indígenas, y más abajo los indígenas pobres que trabajaban los campos de los conquistadores.

la sociedad colonial

Su situación marginada cambió poco con la independencia, en 1821. La clase alta española fue reemplazada por la clase alta criolla, es decir, los españoles nacidos en México, y mestiza.

la independencia

esclavitud

Durante el gobierno de Porfirio Díaz, de 1876 hasta la Revolución en 1910, muchos indígenas tuvieron que trabajar como esclavos en las haciendas. Como muchos otros mexicanos pobres, sufrieron por la desigualdad y falta de derechos humanos.

Jacinto Canek

Durante toda la época colonial, y también en el México independiente, hubo insurgencias indígenas. Uno de los héroes de estas luchas, en siglo XVIII, fue Jacinto Canek. En la península de Yucatán luchó contra los abusos de los grandes terratenientes contra los esclavos indígenas. Fue asesinado por las fuerzas del gobierno colonial. El famoso autor yucateco Ermilio Abreu Gómez escribió un libro sobre Canek.

En el siglo XIX se apreciaba mucho las culturas indígenas antiguas como orgullo nacional. Sin embargo, los indígenas vivos eran vistos como un obstáculo en el desarrollo del país. Cuando estalló la Revolución Mexicana en 1910, la exigencia indígena más importante era la de la tierra: querían un pedazo de campo para trabajarlo libremente. Pero los que ganaron después de la Revolución, otra vez no fueron ellos, sino la clase alta mestiza.

integración

En la nueva nación mexicana después de la Revolución, algunos elementos de la cultura indígena – bailes, comida, trajes típicos – fueron apreciados. La meta fue integrar a la cultura indígena al proyecto de nación. Debían hablar español y adaptarse a la cultura occidental. Testigo de este pensamiento es por ejemplo el discurso pronunciado por el político Ramón Beteta en los Estados Unidos.

Pero los indígenas no quisieron ser integrados, sino vivir su propia cultura y forma de gobierno. En la lucha por sus derechos lograron por ejemplo que desde 1990 la nación mexicana, en su constitución, se llame «pluricultural». El estado respondió a sus exigencias con la creación de instituciones para atenderles. La actual se llama «Comisión Nacional para el Desarrollo de los Pueblos Indígenas (CNI)». Sus objetivos son muy amplios, pero muchos se quejan de que la comisión no cumple con sus propias metas.

el 1 de enero de 1994

Por la decepción con las instituciones estatales y como reacción a la pobreza, el 1 de enero de 1994 el Ejército Zapatista de Liberación Nacional se levantó en armas en Chiapas, pidiendo democracia, libertad y justicia para todos los mexicanos. Justo en este día había entrado en vigor el Tratado de Libre Comercio (TLC) con Canadá y los EEUU. Este iba a empeorar todavía más la situación de toda la población en el campo, según los Zapatistas, porque se iba a importar maíz barato de los Estados Unidos. La situación de pobreza, sobre todo de las mujeres chiapanecas, se describe en el libro «Mujeres de Maíz.» Y los Zapatistas explicaron las causas de su Revolución en la

pobreza

«Primera Declaración de la Selva Lacandona», bajo el título «¡Ya basta!».

1996: la paz de San Andrés

Su lucha fue respondida muy violentamente por el ejército mexicano. Pero el grupo recibió mucho apoyo nacional e internacional, por lo cual el gobierno mexicano empezó a negociar con ellos. Se llegó a los Acuerdos de paz de San Andrés en 1996, que dicen que se va a establecer una autonomía indígena.

Estos acuerdos hasta hoy no se cumplen. Los Zapatistas ya no luchan con armas, sino con palabras. Además, han fundado municipios autónomos, donde viven una democracia directa, independiente del estado mexicano.

hoy: una vida diversa

La vida de los indígenas de hoy es tan diversa como la cultura mexicana misma: hay indígenas que trabajan con corbata en un banco, otros con un casco en una mina, algunos como funcionarios del gobierno, y la mayoría en el campo.

Canek el héroe

La resistencia indígena en la época colonial. – Jacinto Canek como aparece en un libro del autor yucateco Abreu Gómez:

Canek dijo:

- Todo depende del lugar que el hombre ocupa en la tierra. Las discordias y los aciertos de los hombres se explican si recordamos cuál es el lugar que tienen cerca de la tierra. Así vemos que los indios viven al lado de la tierra. Duermen en paz sobre el pecho de la tierra, conocen sus voces y sienten el calor de sus entrañas. Perciben el olor de la tierra; olor que enriquece los caminos. Los blancos han olvidado lo que es la tierra. Pasan sobre ella aplastando y atropellando la gracia de sus rosas. Son el viento que se quiebra y salta sobre el rostro de las piedras.

Vocabulario

discordia, f:	falta de acuerdo o de entendimiento entre personas
acierto, m:	resultado de elegir soluciones correctas
entrañas, f:	los órganos de un animal o ser humano
aplastar:	deformar presionando o poniendo peso sobre una persona o cosa

Comprensión del texto

1. Pon las partes del cuerpo adecuados en los espacios:

Según Canek, la tierra tiene . . . . en que los indios se acuestan. Sus . . . . son calientes y los indios gozan de este calor. También, tiene . . . . y habla a los indios. Las piedras tienen . . . . que mira a los blancos que son el viento.

2. ¿Qué hacen los indios con la tierra? ¿Qué hacen, en cambio, los blancos?

Escribe los verbos:

Indios Blancos

Interpretación

1. Haz un dibujo de la tierra como la describe Canek.

Cuáles de las siguientes palabras, piensas, es más adecuada para describir la relación que tienen los indios con la tierra:

amigo — madre — padre — animal salvaje — casa

Discute con tus compañeros tu elección.

Comentario

1. ¿Por qué es importante la tierra para los indios? Subraya la razón que crees más importante:

- Porque la trabajan y de ella viven.
- Porque siempre han vivido en el mismo lugar.
- Porque es como una diosa para ellos.
- Porque de ella obtienen sus medicinas.

2. Escribe un pequeño texto sobre la tierra, comparándola con otras partes del cuerpo. ¿Qué significa la tierra para ti?

Canek está aprehendido en la guerra

En la sabana de Sibac los esbirros aprehendieron a Canek y a sus amigos. Uno de los esbirros, de nombre Malafacha, le ató las manos.
Capitán – dijo Canek –, le va a faltar cordel.
Malafacha torció el nudo.
Es inútil, Capitán – añadió Canek –, le va a faltar cordel para atar las manos de todo el pueblo.
Canek sonrió. La sangre escurría de sus manos como una llama dócil.

Ermilo Abreu Gómez: Canek. México DF: Randomhouse Mondadori, 2005 pág. 63 y 109

Vocabulario

sabana, f:	Spärlich bewachsene tropische Ebene
esbirro, m:	Matón. Persona que tiene por oficio cumplir las órdenes de una autoridad, especialmente violentos
atar:	sujetar con ligaduras
torcer:	dar vueltas a una cosa flexible en sentido inverso, o a un lado manteniendo fijo el otro.
llama, f:	una pequeña porción de fuego, p.e. de una vela

Comprensión del texto

Imagínate que has sido testigo de la aprehensión de Canek. Cuenta a tu compañero lo que has observado, basándote en el texto. Usa el estilo indirecto.

Interpretación

1. Busca en el diccionario las palabras de las que consiste el nombre Malafacha. ¿Qué significa? ¿Por qué el esbirro lleva este nombre?
2. ¿Qué tipo de medio estilístico es «atar las manos de todo el pueblo»?
3. ¿Por qué crees que sonríe Canek?

Comentario, tomando en cuenta los dos textos

¿Piensas que la lucha de Canek es justa? Hagan dos grupos en la clase y discutan a favor y en contra.

La política integracionista

F

Una conferencia del político Ramón Beteta en su visita a Texas delante de la asociación de profesores del estado, en 1935:

Hace algunos años, nuestra Secretaria de Educación publicó un folleto intitulado «Cómo dar a México un idioma común». A los que no estaban bien enterados de las condiciones de mi país, este folleto debe haberle parecido muy extraño, pues es natural suponer que todo el mundo en México habla español. El hecho es, sin embargo, que casi el 15% de nuestra población no conoce nuestro idioma o habla algún dialecto indio de preferencia al español. Para ser más exactos, en 1930, de un total de 16.500.000 de habitantes, había 1.185.161 de personas que solamente hablaban lenguas indias y 1.064.234 que, conociendo tanto el español como alguna lengua india, hablaban de preferencia esta última. (....)

Como podéis ver por estas cifras, la enseñanza del español en México tiene un aspecto peculiar: es uno de los medios de lograr «la incorporación del indio a nuestra civilización», como lo hemos expresado con algo de vanidad. (....)

Esos 2,5 millones de almas que no hablan nuestro idioma, todavía están prácticamente excluidos de nuestra vida social y política. Viven dentro de un sistema de consumo prepecuniario, precapitalista. Enseñándoles el español, queremos ayudarles a entrar dentro de nuestro círculo de actividades, a ser mexicanos en el verdadero sentido de esta palabra.

Ramón Beteta: Pensamiento y dinámica de la Revolución Mexicana. México DF: México Nuevo, 1951, Pág. 89

Vocabulario

peculiar: especial

Comprensión del texto

1. Ahora tú eres Ramón Beteta y un periodista te hace preguntas. Respóndele basándote en el texto:

- Sr. Beteta, ¿cuántas personas en México hablan solamente una lengua india?
- ¿Hay personas que hablen tanto el español como la lengua indígena y que prefieran la lengua indígena?
- ¿Cómo es la situación de la gente que no habla español?
- ¿Por qué, en su opinión, la enseñanza del español es importante?

Desarrolla un folleto en que llamas a la gente a aprender español, usando las informaciones de Beteta.

Interpretación

¿Con cuáles palabras describe Beteta la «cultura mexicana»? ¿Y con cuáles palabras describe a los indígenas?

Comentario

1. Beteta menciona «dialectos indígenas». Averigua con un diccionario cuál es la diferencia entre un dialecto y un idioma.
2. Averigua en la página 119 cuánta gente hoy

a) habla sólo una lengua indígena (en por ciento)
b) habla una lengua indígena y español (en por ciento)
c) cuántos de los hablantes de lenguas indígenas no saben leer y escribir
d) qué nivel de escolaridad tienen los hablantes de lenguas indígenas

Describe tus resultados en un pequeño texto.
¿Qué piensas: Por qué hay gente que se considera indígena aunque no hable el idioma?

3. En España/Alemania, ¿hay idiomas diferentes al español/alemán? ¿Se enseñan en la escuela? Averigua en el internet o pregunta en la Universidad.

El estado actual y los indígenas

Estos son algunos de los principios de la Comisión para el Desarrollo de los Pueblos Indígenas, como aparecen en su sitio web:

- Observar el carácter multiétnico y pluricultural de la nación.
- Promover acciones contra la discriminación o exclusión social y para la construcción de una sociedad incluyente, plural, tolerante y respetuosa de la diferencia y el diálogo intercultural.
- Fomentar el desarrollo sustentable para el uso racional de los recursos naturales de las regiones indígenas sin arriesgar el patrimonio de las generaciones futuras.
- Incluir el enfoque de género en políticas, programas y acciones de la Administración Pública Federal para promover la participación, el respeto, la equidad y oportunidades plenas para las mujeres indígenas.
- Consultar a los pueblos y comunidades indígenas cada vez que el Ejecutivo Federal promueva reformas jurídicas y actos administrativos, programas de desarrollo o proyectos que impacten significativamente sus condiciones de vida y su entorno.

http://www.cdi.gob.mx/index.php?id_seccion=1

Vocabulario

incluyente	de *incluir*: aceptando a alguien en un lugar sin excluirlo
desarollo sustentable:	desarollo que conserva los medios que se usan sustentable
recurso:	medio
arriesgar:	poner a proximidad de un daño o un peligro
patrimonio:	conjunto de bienes, físicos o intelectuales, adquiridos durante la historia
equidad:	igualdad
pleno/a:	completo/a
impactar:	impresionar, desconcertar a causa de un acontecimiento o noticia
entorno:	ambiente, lo que rodea

Comprensión del texto

1. Haz una lista de los verbos que se usan.

Resume el texto, usando estos verbos y respondiendo la pregunta: ¿qué hace la Comisión Nacional para el Desarrollo de los Pueblos Indígenas?

2. Termina las frases:

- La CDI protege a los pueblos indígenas contra…
- La CDI quiere evitar que…
- La CDI trabaja en contra de…

Interpretación

1. Para cada principio, piensa en una acción concreta que se podría realizar.
   - Junta tus ideas con las de otros compañeros y elaboren un plan.
   - Después reflecciónen: ¿Les fue fácil pensar en acciones?
2. ¿Cuáles son los temas que menciona la CNI en sus principios? Ordénalos según su importancia para:
   economía — política — cultura

Comentario

1. Consulta el sitio de internet de la Comisión y averigua desde cuándo existe.
2. Traduce uno de los principios al alemán.¿Qué tipo de lenguaje es?
3. Qué piensas: ¿Cuáles son las críticas que la gente tiene al CDI?

La lucha del EZLN

D

En el año 1994, se levantó el Ejército Zapatista de Liberación Nacional. Publicaron la Primera declaración de la Selva Lacandona, Chiapas:

HOY DECIMOS ¡BASTA!

Al pueblo de México:

Hermanos mexicanos: Somos producto de 500 años de luchas: primero contra la esclavitud, en la guerra de Independencia contra España encabezada por los insurgentes, después por evitar ser absorbidos por el expansionismo norteamericano. Luego por promulgar nuestra Constitución y expulsar al Imperio Francés de nuestro suelo. Después la dictadura porfirista nos negó la aplicación justa de leyes de Reforma y el pueblo se rebeló formando sus propios líderes. Surgieron Villa y Zapata, hombres pobres como nosotros. (...)

Pero nosotros HOY DECIMOS ¡BASTA!, somos los herederos de los verdaderos forjadores de nuestra nacionalidad, los desposeídos somos millones y llamamos a todos nuestros hermanos a que se sumen a este llamado como el único camino para no morir de hambre ante la ambición insaciable de una dictadura de más de 70 años encabezada por una camarilla de traidores que representan a los grupos más conservadores y vendepatrias. (....)

Recurrimos a (...) nuestra Constitución, para aplicar el Artículo 39 Constitucional que a la letra dice:

«La soberanía nacional reside esencial y originariamente en el pueblo. Todo el poder público dimana del pueblo y se instituye para beneficio de éste. El pueblo tiene, en todo tiempo, el inalienable derecho de alterar o modificar la forma de su gobierno.» Por tanto (...) emitimos la presente al ejército federal mexicano, pilar básico de la dictadura que padecemos, monopolizada por el partido en el poder y encabezada por el ejecutivo federal que hoy detenta su jefe máximo e ilegítimo, Carlos Salinas de Gortari. (...)PUEBLO DE MÉXICO: Nosotros, hombres y mujeres íntegros y libres, estamos conscientes de que la guerra que declaramos es una medida última pero justa. Los dictadores están aplicando una guerra genocida no declarada contra nuestros pueblos desde hace muchos años, por lo que pedimos tu participación decidida apoyando este plan del pueblo mexicano que lucha por trabajo, tierra, techo, alimentación, salud, educación, independencia, libertad, democracia, justicia y paz. Declaramos que no dejaremos de pelear hasta lograr el cumplimiento de estas demandas básicas de nuestro pueblo formando un gobierno de nuestro país libre y democrático.

INTÉGRATE A LA FUERZAS INSURGENTES
DEL EJERCITO ZAPATISTA DE LIBERACIÓN NACIONAL

Comandancia General del EZLN
Año de 1993, Chiapas, México

http://www.ezln.org/documentos/1994/199312xx.es.htm

Vocabulario

encabezar:	presidir
insurgente:	rebelde, revolucionario
absorbido/a:	consumido/a enteramente
expansionismo, m:	Tendencia de un país a extender sobre otro su dominio económico y político
aplicación, f:	de aplicar: emplear, administrar, poner en práctica
heredero/a:	quien por testamento o ley recibe una herencia
forjar:	inventar, fabricar
ambición, f:	deseo fuerte de conseguir poder, riqueza o fama
insaciable:	quien nunca está satisfecho, quien consume sin limites
camarilla, f:	un grupo cerrado (Clique)
traidor/a:	de *traicionar*: fallar a alguien, abandonarlo, negarlo
«vende-patria», m:	despectivo: quien vende territorio o servicios al extranjero
dimanar:	provenir, proceder
instituirse:	establecer algo de nuevo, darle principio
inalienable:	que no se puede perder o negar
alterar:	cambiar la esencia o forma de algo
emitir:	manifestar un juicio o una opinión
pilar, m:	cosa en que se apoya algo
padecer:	sufrir
detentar:	lenguaje jurídico: poseer ilegalmente
cumplimiento, m:	de *cumplir:* ejecutar, llevar a efecto

Comprensión del texto

1. ¿Verdad o mentira?

Los Zapatistas dicen que están luchando desde hace 500 años.
Dicen que la guerra es la última medida.
Están luchando por paz y democracia.
Piensan que viven en una dictadura.
Critican la constitución mexicana.
Se identifican con los revolucionarios Villa y Zapata.
Dicen que son pobres.

2. Julio y Daniela discuten la Primera Declaración. Pon los verbos que faltan:

Daniela: hacen un resumen histórico. Por ejemplo, hablan de que los norteamericanos . . . . al país.

Julio: Sí, y que bajo Porfirio Díaz no se . . . . las leyes. Además, según ellos, la camarilla en el poder . . . . la patria.

Daniela: Me gustó lo que dijeron de la constitución. Que el pueblo puede . . . . o . . . . el gobierno.

Julio: Pues sí, eso dice...Pero el EZLN . . . . la guerra al gobierno, porque este, como dicen, ... una guerra genocida en contra de los indígenas.

Daniela: Sí, y quieren que se . . . . sus demandas.

Interpretación

1. Estructura el texto y pon títulos a las diferentes partes.
2. Los Zapatistas hablan de una política «**genocida**» del gobierno. ¿Qué significa eso? ¿Quiénes son las víctimas?
3. Dicen también que los del gobierno son «**vendepatrias**». ¿Qué crees, qué está vendiendo el gobierno?

Comentario

1. Escribe todos los poderes contra los que, según los Zapatistas, el pueblo de México ha luchado.
- ¿Cuáles conoces y cuáles no? Intercambia ideas con tus compañeros.
- Busca a los que no conoces en la introducción histórica de tu libro.
2. Busca en este libro información sobre Emiliano Zapata. ¿Cuando vivió? ¿Qué hizo? Que tiene en común con los Zapatistas?
3. ¿Tú irías a luchar con el EZLN? ¿Por qué (no)?

La cultura indígena actual

Esto es un rezo maya que se practica en la península de Yucatán, en el sureste del país. El investigador Carlos Montemayor lo escribió y lo tradujo al español.

Voy ahora a rogar que descienden
Todos los Hermosos Santos que Riegan las Lluvias,
Señores que Gobiernan,
Señores que Riegan,
Señor mío.
Hermososo Santo Sostenedor de la Tierra,
Señor mío.
Hermoso Santo Danzador de las Nubes,
Señor mío.
Hermosa Santa Libélula Celestial de Lluvia,
Señor mío.
Hermosa Celestial Santa Piedra Grabada de la Lluvia,
Señor mío.
Hermosa Celestial Santa Piedra que Cierne la Lluvia,
Señor mío.
Hermosa Santa Sarteneja Celestial de la Lluvia,
Señor mío.
Hermoso Santo Trueno Celestial de la Lluvia,
Señor mío.
Hermoso Santo Relámpago de la Lluvia,
Señor mío.
Hermoso Santo Roció de la Lluvia,
Señor mío.
Hermoso Santo Retumbador Celestial de la Lluvia,
Señor mío.
Al Hermoso Santo Rayo
Que antecede a los Hermosos Santos Señores
Para limpiar de todo mal
El camino a los Hermosos Santos que Riegan las Lluvias,
Señor mío.

Carlos Montemayor: Arte y plegaria en las lenguas indígenas de México. México D. F.: FCE, 1999, pag. 127/128

Vocabulario

descender:	bajar
sostener:	sujetar
Piedra Grabada:	aquí una estela antigua con escritura
cernir:	separar la parte más fina de una cosa
sarteneja, f:	un hoyo en la roca del que el dios de la lluvia toma el agua para que llueva
Rocío, m:	gotas de agua muy pequeñas que se encuentran en las hojas por la mañana
retumbar:	hacer mucho ruido
anteceder:	estar antes de, preceder

Comprensión de texto

1. Algunas de las líneas han sido cambiadas... ¿puedes ponerlas en orden?
a) Sostenedor la Hermoso de Tierra Santo
b) la Santo Celestial Hermoso Lluvia Retumbador de
c) a Que Señores antecede Santos Hermosos los
d) Lluvia Celestial Santa de Hermosa Libélula
e) que rogar Voy desciendan a ahora
f) Cierne Hermosa Santa Lluvia Celestial la Piedra que

2. ¿Cuántos elementos de la lluvia llama el sacerdote maya? Escríbelos.

Interpretación

1. Analiza la estructura del rezo.
a) Estructúralo según introducción, parte principal y conclusión.
b) Escribe cuál es la idea principal de cada una de estas partes.

2. Trabaja con los elementos de la lluvia que has escrito arriba: ¿Cómo se relacionan con la lluvia? Estructúralos en diferentes grupos. Después, compara tus ideas con las de un compañero.

Comentario

1. Escribe algunos argumentos por los cuales, en tu opinión, la lluvia es importante para los mayas.

2. Dibuja tres de los elementos de la lluvia que más te gustan.

3. Para ti, ¿la lluvia es importante? O ¿deseas más el sol? ¿O el viento? Inventa un rezo pidiendo el fenónemo meteorológico que más te hace falta.

4. El investigador Montemayor, que ha escrito el rezo según lo estaba diciendo el sacerdote, ha escrito muchas palabras con mayúscula. ¿Por qué? Desarrolla una teoría en un texto.

Vida indígena

F

En el libro «mujeres de maíz», Norma, una joven de Chiapas, cuenta cómo creció en un pequeño pueblo:

Tengo como unos cuatro hermanitos que yo los lavaba, yo les daba de comer, pues mi mamá también se iba a trabajar al campo con mi papá y mis hermanos. Y a mí me dejaban en la cocina, a hacer la tortilla, pero es muy difícil, cuando es una niña no sabe cómo trabajar, pero nuestra madre nos va enseñando, vamos aprendiendo. (...) a los ocho años, o a los siete, mi papá me decía: pues ahora ya sos grande, tienes que ayudarme en mi trabajo. Sí, está bien. Entonces yo empecé a agarrar el machete, a bajar la milpa, a tapiscar, a cargar maíz, a sembrar maíz, a sembrar fríjol, todo lo que hace un hombre lo hace igual una mujer, también en el campo. Nos vamos desde las seis de la mañana si está cerca la milpa. Si está retirada, desde las cuatro de la mañana hasta las seis de la tarde. Regresando, como mujeres teníamos que poner nuestro maíz, cargar el agua, coser nuestra ropa, hacer lo que no podemos hacer en el día. A veces ni tiempo de dormir nos da. Si dormimos a las doce de la noche, a levantarse a la una de la mañana otra vez, ya no da ni tiempo.

Guiomar Rovera: Mujeres de maíz. México, DF: Editoriales Era, primera reimpresión 1998, pág. 70/71

Vocabulario

tortilla, f:	tipo de pan muy delgado, de maíz, sin levadura, alimento básico en México
agarrar:	tomar
machete, m:	cuchillo grande para cortar plantas
milpa, f:	plantación de maíz
tapiscar:	recolectar maíz
fríjol:	judía
retirada/o:	lejos
coser:	unir tela con una aguja y un hilo

Comprensión del texto

1. Pon los números que faltan:

— A los . . . . años, Norma empezó a ayudar a su papá.
— Si la milpa está retirada, la familia se levanta a las . . . . de la mañana.
— Si está cerca, se levantan a las . . . .
— A las . . . . de la tarde llegan a la casa.
— A veces, Norma se duerme a las . . . . de la noche.
— A la . . . . se tiene que levantar.
— Norma tiene . . . . hermanitos.

2. ¿Con qué trabaja Norma, con qué no?

- Tacha las palabras que no tienen nada que ver con su vida.
- A las otras, agrégales el verbo correspondiente.

ropa — maíz — bicicleta — papas — arena — agua — frijoles — pan — machete — juguete

Interpretación

1. De las cosas que hace Norma, ¿cuáles consideras trabajo de hombre, cuál de mujer? Haz dos listas.
2. Escribe una carta como si fueras Norma y describe lo que has hecho ayer.

Comentario

El gobierno mexicano te pide tu opinión: ¿Cómo se puede mejorar la situación de Norma y su familia?

- elabora tres propuestas
- discútelas con tus compañeros
- busca en la página de la Comisión Nacional para el Desarrollo Indígena cuáles propuestas tiene esta institución

7. México y los Estados Unidos

«Pobre México, tan lejos del cielo y tan cerca de los Estados Unidos», dijo una vez el dictador Porfirio Díaz. Este dicho se ha convertido en un proverbio cuando se habla de la relación entre México y su poderoso vecino en el norte.

El mismo Porfirio Díaz aprovechó mucho la cercanía con los Estados Unidos. Durante su gobierno (de 1876 hasta 1910), empresas estadounidenses invirtieron en el país e hicieron así posible el desarrollo de infraestructura como p. e. de trenes. Al mismo tiempo, se hicieron los ciegos delante de las violaciones de los derechos humanos que la administración de Díaz estaba cometiendo.

territorio mexicano en el siglo XIX

Hasta la mitad del siglo XIX, el territorio mexicano incluya lo que hoy son los estados de Texas, California, Colorado, Utah y la mayoría de Arizona y Nuevo México. En la guerra contra los Estados Unidos, México perdió esta parte de su territorio. El conflicto había empezado con la migración de estadounidenses al entonces territorio mexicano de Texas. Los nuevos texanos se instalaron legalmente y con el permiso del gobierno mexicano. Pero luego querían ser independientes, y lo lograron en 1936. En 1945, el congreso estadounidense decidió anexionar Texas y más territorio mexicano y la guerra estalló en 1946. Después, las partes arriba mencionadas se integraron a los Estados Unidos de América. Y por fin, el presidente mexicano Antonio López de Santa Ana vendió lo que quedó de Arizona y Nuevo México a los adversarios, por 10 milliones de dólares.

Estados Unidos: anexión de Texas

Desde ese entonces, muchos mexicanos odian al vecino del norte. El documento «apuntes para la historia de la guerra entre México y los Estados Unidos», que un grupo de jóvenes investigadores publicó en el año 1848, da cuenta de esto.

migración

Por otra parte, desde décadas, muchos mexicanos van al norte en búsqueda de trabajo y oportunidades. Después de la Revolución Mexicana, en los años veinte, los EEUU empezaron a buscar mano de obra agrícola en México. Muchos mexicanos aceptaron la invitación y la migración empezó a crecer. En 1942 se inició el programa bracero, que fue firmado por ambos gobiernos y facilitó el trabajo legal a trabajadores agrícolas mexicanos. Este programa funcionó hasta 1964, cuando se terminó por la gran cantidad de mexicanos que estaban ingresando a los EEUU. Para vencer el desempleo fronterizo que resultó del fin del programa bracero, se inició un nuevo acuerdo: el de la industrialización fronteriza. Este trajo a México las maquiladoras. Maquiladoras son fábricas en las que trabajadores con poco sueldo arman productos – p.e. televisores o ropa –, cuyas partes se importaron del extranjero. Después, los productos se exportan y son vendidos en el extranjero. Es decir, las empresas usan la mano de obra barata que hay en México para ahorrar dinero en el proceso de producción.

las maquiladoras

Las maquiladoras trajeron nuevas fuentes de trabajo a México. Al mismo tiempo, se critica mucho los malos sueldos, la falta de seguro social, la falta o represión de sindicatos y el mal trato de los trabajadores. Además, la oferta de trabajo en maquiladoras implica grandes cambios sociales. Mucha gente sale de sus pueblos en búsqueda de trabajo en las maquiladoras, para vivir en los barrios pobres de ciudades fronterizas como Tijuana y Ciudad Juárez en el norte de México, que muestran un alto grado de delincuencia. Sin embargo, con el correr de los años, el país abrió su economía cada vez más, sobre todo a los Estados Unidos. Esta apertura culminó en el Tratado de Libre Comercio (TLC, por sus letras en inglés: NAFTA, North American Free Trade Association), que entró en vigor en el año 1994. Por eso, los Zapatistas empezaron su rebelión justo en la fecha del primer día del TLC, el 1 de enero (vea capítulo indígenas).

TLC

El TLC mejoró las posibilidades de importar y exportar bienes entre México y los Estados Unidos. En los años siguientes y después de superar una crisis económica, México empezó a crecer económicamente y hubo más inversión extranjera. Los que critican el TLC dicen que la importación de bienes agrícolas baratos de los Estados Unidos hace que muchos campesinos pierdan su sustento. Además se critica que el tratado no contiene garantías para la protección de los trabajadores.

Esto, según los críticos lleva a fortalecer todavía más la migración a los Estados Unidos. Actualmente, en al año 2006, más de diez millones de mexicanos viven en los EEUU, un 9% de ellos tienen menos de 15 años. Muchos van y trabajan como ilegales. El dinero que ellos mandan a sus familiares en México se llama remesas. En los primeros meses del 2006, se mandaron más de cinco mil millones de remesas. Sólo la venta de petróleo trae más ingresos al país.

En los EEUU mucha gente dice que la migración está cambiando la identidad del país. Los mexicanos, en cambio, a veces dicen que están recuperando los territorios perdidos en 1847.

La guerra del siglo XIX

La guerra entre los EEUU y México empezó con la colonización de Texas por estadounidenses. Después de la guerra, en 1848, un grupo de jóvenes patriotas mexicanos publicó un relato explicando las causas de la guerra:

La legislatura de Coahuila que lo era ya también de Tejas por haberse reunido en un Estado ambas provincias, espidió el 24 de marzo de 1825 su ley de colonización, en que decretaba: «Que todos los estranjeros que en virtud de la ley general de 18 de agosto de 1824, deseasen establecerse en los terrenos del Estado de Coahuila y Tejas, eran libres para hacerlo (...).»

Pronto aceptaron esa invitación los habitantes de los Estados Unidos (...). Al darles las tierras, lejos de pedir remuneración de ninguna clase, le otorgaron libertades a los colonos, esceptuándolos por diez años el pago de contribuciones (...).

Todos estos, con muy contadas excepciones, eran nativos de los Estados Unidos, y conservaban en su nueva patria unas costumbres y manera de vivir enteramente conformes a las de sus compatriotas. Unidos a México con un lazo demasiado débil, constituyendo en el gran todo de la república una masa heterogénea por sus hábitos, lengua y carácter de todo punto diversos, sus simpatías se dirigían siempre a sus compatriotas, y el menos avisado pudo pronosticar desde entonces que, más tarde o más temprano, habían de preferir la unión con su país natal a la dependencia en que vivían de las autoridades mexicanas.

Ramon Álcaraz et al.: Apuntes para la historia de la guerra entre México y los Estados Unidos. México DF/Madrid: SIGLO XXI, 1977, Pág. 14/15

Vocabulario

espedir:	hoy: expedir. Tramitar y entregar un documento, p. e. pasaporte
en virtud de:	como resultado de
remuneración, f:	pago
otorgar:	dar, conceder
esceptular:	hoy: exceptuar. Dejar fuera a alguien
lazo, m:	soga que sujeta dos cosas, aquí: relaciones
avisado:	enterado, informado

Comprensión del texto

1. Escribe una nota en la que explicas la nueva legislación de Coahuila. El artículo se publica el 24 de marzo de 1825 – ¡fíjate bien en los tiempos del verbo que vas a usar!
2. Dos mexicanos de Coahuila haban sobre los colonos estadounidenses. Pon las palabras que faltan:

Pedro: ¡A estos gringos les va muy bien aquí! Tienen tierras y nos les piden . . . . ¡Y tampoco tienen que dar . . . . !
Laura: Sí, y hasta por . . . . años!
Pedro: Viven en México, pero . . . . sus costumbres.
Laura: Es que su . . . . con México es muy . . . .
Pedro: Son . . . . en muchos puntos.
Laura: Ojalá que no quieran un día . . . . a su país natal.
Pedro: ¡Ojalá! Que no le moleste . . . . de las autoridades mexicanas.

Interpretación

1. ¿Qué es lo que temen los autores del texto?
- que los estadounidenses sean violentos contra los mexicanos
- que los mexicanos de Texas se vayan a los Estados Unidos
- que los estadounidenses viviendo en Texas se quieran unir a los EEUU.

2. ¿Cuáles son sus razones? Escríbelas.

3. Cómo ven los autores del texto la colonización de Texas? Hagan una entrevista: Uno tiene el papel del autor, el otro le hace preguntas críticas, como por ejemplo:
- ¿Está Usted de acuerdo con que Texas necesita más población?
- ¿Va a enriquecer la cultura estadounidense a México?

Comentario

1. Saca fotocopia a un mapa de México y Estados Unidos y dibuja la frontera de antes de la guerra, incluyendo Texas.
- ¿Dónde estaría la frontera hoy?
- ¿Cuáles recursos, ciudades y atractivos tendría México?
- Averigua en la introducción del capítulo: ¿Cuántos estados que hoy pertenecen a los EU antes eran mexicanos?

2. Averigua en este libro cuántos mexicanos están viviendo en el sur de los Estados Unidos.
- Discute con tus compañeros: ¿es bueno que haya mexicanos en los EEUU?
- Comparen sus argumentos con los del texto.
- ¿Conoces los argumentos del texto de alguna discusión alemana? ¿Cuál?

Migración y política

En el año 2006, al final del gobierno de Vicente Fox, se discute mucho la política migratoria tanto de México como de los EEUU:

México y Estados Unidos: relaciones asimétricas

Desde los primeros años de la vida independiente de nuestro país hasta nuestros días, las relaciones entre México y los Estados Unidas han sido asimétricas, es decir, no han guardado simetría o proporción.

El vecino país del norte ha sido, en relación con nosotros, la potencia, el «Coloso», en tanto que nosotros hemos sido para los gobiernos norteamericanos, en el mejor de los casos, un país «en vías de desarrollo»; en términos más realistas, un Estado «subdesarrollado» y en un concepto más peyorativo, el «patio trasero» y sucio de la señorial residencia yanqui.

(...) De una o de otra manera, esta asimetría entre los dos países no impide un trato cordial y resultados positivos para ambos.

Y para no citar sino unos cuantos ejemplos mencionemos a los presidentes norteamericanos Franklin Delano Roosevelt y John F. Kennedy (...).

En el encuentro que hubo en la ciudad de Monterrey, en abril de 1943, entre los presidentes Roosevelt y Ávila Camacho, el primero dijo al segundo de que era ya tiempo de que cada ciudadano de los países americanos «reconociera que la política del 'Buen Vecino', significa que lesionar a una nación, es lesionar a todas».

El presidente John F. Kennedy, a inicios de los sesenta, refrendó esta amistad hacia México en sus múltiples encuentros con el presidente Adolfo López Mateos y en sus visitas a este país y particularmente con la creación del programa continental «Alianza para el Progreso». (...)

¡Qué diferencia con la política migratoria del presidente George W. Bush que además de considerar como criminales a los emigrantes ilegales, ha emprendido acciones para militarizar la frontera sur de su país mediante el envío de 6 mil soldados más de la Guardia Nacional y se propone construir un muro adicional en la frontera mexicana de unos 600 kilómetros de longitud y en otros 800 kilómetros se apresta a levantar barreras para frenar los vehículos, así como la imposición del pago de una multa alta y el de los impuestos atrasados, a quienes deseen regularizar su situación migratoria.

El presidente Vicente Fox no sólo ha permanecido indiferente ante este problema desde los inicios de su gestión, así como de las violaciones cotidianas a los derechos humanos de sus «paisanos», sino que ha terminando alabando la política represiva y antinmigratoria de su homólogo norteamericano.

Samuel Flores Longoria en diario «El Porvenir», 31.5.2006, http://www.elporvenir.com.mx/notas.asp?nota_id=68146

Vocabulario	
lesionar:	dañar
refrendar:	confirmar la verdad de palabras o actos
emprender:	empezar algo difícil
imposición, f:	obligación
multa, f:	castigo que consiste en pagar una cantidad de dinero
alabar:	decir cosas favorables acerca de otra persona o una cosa
homólogo, m:	persona que tiene el mismo cargo

Comprensión del texto

1. Relaciona a los presidentes mexicanos con los estadounidenses de su época y con una acción:

Ávila Camacho	Bush	reconocer la política del «buen vecino»
Fox	Roosevelt	construir un muro
López Mateos	Kennedy	crear un programa

2. El autor del texto da una entrevista a un diario. Responde las preguntas.

- ¿Cómo describiría Usted las relaciones entre México y los EEUU?
- ¿Cómo ven los EEUU a México?
- ¿Se acuerda de algún momento de amistad entre los dos países?
- ¿Qué le parece la política del presidente Bush?
- ¿Por qué?

Interpretación

1. ¿Con cuáles palabras describe el autor la «asimetría» entre México y los EEUU?
2. Según el autor, cómo ve el presidente Bush a los mexicanos, y cómo los vieron, en cambio, los presidentes Roosevelt y Kennedy? Usa los siguientes conceptos:

amistad — colaboración — peligro — ayuda — militarización — obstáculos

Comentario

1. Infórmate en el internet sobre la actual situación de la discusión sobre la migración entre México y los EEUU.

- ¿Cuáles son las leyes más nuevas?
- ¿Qué ha dicho, últimamente, el presidente de los EEUU?
- ¿Y qué ha dicho el presidente de México?

2. Escribe una defensa para el presidente Bush en la que sostienes que el muro fronterizo es necesario.

Música y migración

F

Muchas canciones hablan de los mexicanos que trabajan en los Estados Unidos. Aquí hay dos:

Jaula de Oro

Aquí estoy establecido
en los Estados Unidos
diez años pasaron ya
en que cruce de mojado
papeles no he arreglado
sigo siendo un ilegal

Tengo mi esposa y mis hijos
que me los traje muy chicos
y se han olvidado ya
de mi México querido
del que yo nunca me olvido
y no puedo regresar

De qué me sirve el dinero
si estoy como prisionero
dentro de esta gran nación
cuando me acuerdo hasta lloro
y aunque la jaula sea de oro
no deja de ser prisión

(Diálogo entre padre e hijo)

Escúchame, hijo
¿te gustaría que regresáramos
a vivir a México?
What'cha talking about, dad?
I don't wanna go back to Mexico
no way, dad

Mis hijos no hablan conmigo
otro idioma han aprendido
y olvidado el español
piensan como americanos
niegan que son mexicanos
aunque tengan mi color

De mi trabajo a mi casa
yo no sé lo que me pasa
que aunque soy hombre de hogar
casi no salgo a la calle
pues tengo miedo que me hallen
y me puedan deportar

Los Tigres del Norte, del álbum «Canta como los Tigres del Norte», 1986

Vocabulario

de mojado: así se dice para la gente que cruza ilegalmente la frontera a los Estados Unidos. Como tienen que atravesar el Río Bravo, se mojan.

Comprensión del texto

1. ¿De qué habla cada estrofa? Ponles títulos.

Escribe una descripción de la persona que habla en tercera persona.

Interpretación

1. ¿Por qué los EEUU son como una jaula para el personaje de la canción? Describe las cosas que «enjaulan».
2. Analiza la canción como un poema: ¿Cómo son las rimas? ¿Cómo es el ritmo?

Comentario

1. ¿Qué le aconsejarías al personaje de la canción? Escríbele una carta.
2. ¿Qué harías tú en lugar de su hijo? ¿Te irías a México? Haz una lista pro y contra con un compañero.

Mojado

Yo sabía que te ibas a ir
hoy por fin te vi partir
Yo temía que te ibas a ir
hoy tu voz la oí decir:

«Yo me voy de aquí,
me voy de aquí.
No tengo nada que darte a ti

El otro lado es la solución
por todas partes
se oye el rumor:
yo me voy de aquí»

Te vi partir
Ahora estoy sola
sola sin ti
Yo te vi partir
partir, partir, partir

Ya son dos días que no estás aquí
Hoy Pedro corre gritando hacia mí
Trae en la mano un diario gris
hay una nota perdida entre mil
que habla de ti

Habla de ti
«MOJADO MUERTO, AL IN-
TENTAR HUIR»
No dice nada, no hay explicación
eras un cerdo oculto en un camión,
que quiso huir

Lloro por ti
A mis espaldas oigo decir:
«Yo lo ví partir,
partir, partir, partir»

La Maldita Vecindad, del álbum «Gira Pata de Perro», 1994

Comprensión del texto

1. Otra nota habla sobre lo que le pasó a la mujer. Pero la pusieron mal. Pon las frases en el orden correcto:
- Ella lo vio partir.
- Tenía miedo de que se iba a ir.
- Hubo una nota sobre un mojado.
- Su amigo Pedro le trajo el diario.
- De allí se enteró de que estaba muerto.
- El había dicho que no le podía dar nada.

2. Un policía hace preguntas a la mujer. Responde por ella:
- ¿Hace cuántos días que se fue su esposo?
- ¿Por qué se fue?
- ¿En qué se fue?
- Cómo se enteró de su muerte?

Interpretación

1. Describe el día de la mujer en que Pedro le trae el diario. Usa el pasado y la tercera persona.
2. ¿Cómo son ritmo y rima de esta canción?

Comentario

1. Escribe un texto ficticio sobre la última hora en la vida del mojado.
2. Escribe un poema sobre una despedida.

Comentario de los dos textos

1. Compara la estructura (rima y ritmo). ¿En qué se distinguen las dos canciones, en qué se parecen?
2. ¿Qué aconsejarías a un amigo mexicano que se quiere ir «de mojado» a los Estados Unidos?

Entrevista con un «mojado»

F

Entrevistamos a Pato, que vive en los Estados Unidos:

— Buenas Tardes Pato! ¿Cuánto tiempo llevas viviendo en los EEUU?

— Buenas Tardes. Vivo aquí en Oregón desde hace seis años, es decir, desde el 2000.

— ¿En qué trabajas allá?

— Soy lavaplatos.

— ¿ Tu estancia en los EEUU es legal?

— No. Tengo que tener cuidado que no me encuentre la gente de migración. Pero mi <u>patrón</u> me avisa cuando saben que va a ir la <u>migra</u>, y no voy al trabajo. Es menos peligroso aquí que por ejemplo en California.

— ¿Y por qué te fuiste al norte?

— Porque ya no me alcanzaba mi campo para vivir. Tengo una esposa y tres hijos. Así que decidí venir para poder mandarles dinero.

— ¿Con quién llegaste allá?

— Aquí en Oregón hay como 500 personas de mi pueblo, Mani, y al principio me ayudaron. Pero no es tan fácil como <u>te lo pintan</u> si no sabes el idioma. No sabes cómo moverte, no sabes cómo usar el transporte....por suerte, conseguí este trabajo en que me va bien porque me tratan bien.

— ¿Y ya aprendiste inglés?

— No. No sé si soy muy tonto para aprender pero la verdad....casi no hablo nada de inglés. También, el trabajo no me da tiempo para estudiarlo.

— ¿Entonces, no te llevas con la gente de allá?

— Sí, pero no mucho, es muy buena gente, la mayoría es muy buena con nosotros, pero es difícil hacerse amigos cuando uno no sabe inglés y el otro no sabe español.

— ¿Y con quién vives?

— Con unos primos míos. Somos cuatro.

— ¿Piensas regresar?

— ¡Sí claro! La mayoría queremos regresar. Venimos, ganamos dinero y regresamos para estar otra vez con la familia. Sólo algunos se quedan. Pero yo extraño mucho a mi familia. Sólo por ellos estoy aquí, para que estén bien.

Vocabulario

patrón:	empleador
migra, f.:	cuerpo de la Policía de inmigración de los EEUU
pintar:	aquí: describir algo

Comprensión del texto

1. Escribe una noticia sobre la vida de Pato en los EEUU.
2. Escribe las ideas más importantes de Pato acerca de:

- el inglés
- la gente en los EEUU

- su familia
- su trabajo

Interpretación

1. Qué opinas: ¿Por qué Pato no aprende inglés? Escribe las razones que da él, piensa en más.

2. Escribe un ensayo basado en las siguientes preguntas:

- ¿Por qué es menos estricta la migración en Oregón que en California?
- ¿Cuáles consecuencias puede tener una estancia ilegal?
- ¿Por qué el patrón de Pato le avisa cuando va la migra al lugar donde trabaja?

Comentario

1. Compara la entrevista con las canciones de este capítulo. ¿Cuáles ideas tienen en común los textos?

2. ¿Cómo se puede mejorar la situación de gente como Pato?

a) Desarrolla cinco propuestas con un grupo de compañeros.
b) Discuten sus propuestas con los otros grupos.
c) Busquen en internet si existen propuestas parecidas.

3. Ahora, tú eres Pato. Escribe una carta a tu hija menor.

El Tratado de Libre Comercio (TLC)

Muchos critican el Tratado de Libre Comercio de 1994:

Tratado de Libre Comercio – una década devastadora para los trabajadores

(...) el impacto de Nafta en los trabajadores mexicanos ha sido devastador. (...) el primer año del TLC evidenció la pérdida de más de un millón de trabajos en todo México, como parte del inicio de una crisis económica. Para atraer inversiones, las reformas exigidas por el TLC requerían de la privatización de empresas, trenes, compañías aéreas y otros negocios. Esto llevó a otra ola de despedidos. Y como la desesperación económica en México ha aumentado, la emigración a Estados Unidos se ha convertido en la única esperanza para la sobrevivencia de millones de mexicanos.

Al principio parecía que el crecimiento de las maquiladoras a lo largo de la frontera absorbería al menos parte de los empleos perdidos. Para 2001, más de 1,3 millones de trabajadores fueron contratados en las más de 2 000 compañías fronterizas, según la Asociación de la Industria Maquiladora. Pero haciendo depender el empleo de tantos mexicanos del mercado norteamericano – para el cual estas compañías producen – resultó ser un desastre. Cuando los consumidores estadounidenses dejaron de comprar al golpear la recesión en 2001, las maquiladoras despidieron trabajadores. (...)

La consecuencia más seria del TLC ha sido su fracaso en proteger los derechos de los trabajadores. Para atraer inversiones a las maquiladoras, las autoridades del gobierno mexicano cooperaron con los inversionistas y con los sumisos sindicatos oficiales mantienen una economía de bajos salarios, reforzada por un sistema de control laboral.

De acuerdo con Martha Ojeda, directora de la Coalición de Justicia en las Maquiladoras, el salario mínimo oficial de los trabajadores en la frontera es de $4,20 por día. Ella estima que la mayoría de los empleados de las maquiladoras ganan casi ese monto.

Un estudio del Centro de Reflexión, Educación y Acción, un grupo religioso de investigación, puso en evidencia que con el salario mínimo, un trabajador de una maquiladora en Ciudad Juárez necesita casi una hora de trabajo para comprar un kilo de arroz. (...)

Vocabulario

inversión, f:	de invertir: dedicar dinero con el fin de tener beneficio
requerer de:	necesitar
maquiladora, f:	empresa de ensamblaje, en la que los productos no se producen, sino nada más se arman de partes importadas (p.e. un zapato de unas partes de piel)
fracaso, m:	falta de éxito total
atraer:	despertar interés
sumiso/a:	obediente
monto, m:	cantidad

Comprensión del texto

1. Conecta las causas con las consecuencias:

• privatización de empresas	poca protección para los trabajadores
• desesperación económica	maquiladoras despiden trabajadores
• Los estadounidenses dejan de comprar	ola de despedidos
• Cooperación con los inversionistas	salarios bajos
• Sindicatos sumisos	emigración a los EEUU

2. ¿Cuáles de los siguientes hechos aparecen en el texto, cuáles no?
- En el año 2004 se han construido 200 maquiladoras nuevas en el norte de México.
- Los mexicanos emigran a los EEUU para trabajar en maquiladoras.
- En 2001, muchas maquiladoras despidieron trabajadores.
- Los sindicatos en las maquiladoras son muy fuertes.
- Para comprar un kilo de arroz hay que trabajar casi una hora en una maquiladora.
- El TLC prohíbe más privatizaciones de empresas.

Interpretación

1. ¿Cuáles son, según los autores del texto, las desventajas del TLC?
- Hagan una lista
- Piensen en grupos qué podría ser el lado bueno de estas desventajas.

2. ¿Cómo argumentan los autores del texto?
- ¿Con qué comprueban su opinión?
- ¿De cuáles valores importantes parten en su argumentación?

Comentario

1. Busca en el internet más información sobre el NAFTA/TLC.
a) Elige un detalle del Tratado que te interese y exponlo para tus compañeros.
b) ¿Tiene México más Tratados de Libre Comercio? ¿Con quién?
c) Piensa: ¿Cuál pueden ser las ventajas y desventajas de este detalle?

2. Escribe un ensayo a favor o en contra de los Tratados de Libre Comercio.

Presentación del presidente Ernesto Zedillo

...y así el presidente Ernesto Zedillo presentó el TLC en 1997 cuando el presidente estadounidense Bill Clinton estaba visitando México:

(...) Tenemos niveles de desarrollo económico muy diferentes; nuestras raíces culturales también son disímiles. Estas diferencias no entorpecen la cooperación. Al contrario, la diversidad de nuestros pueblos enriquece nuestras relaciones. (...) Tanto para los Estados Unidos como para México, la relación bilateral es de una importancia primordial.

A través de la historia, el comercio ha promovido mayor afinidad y comprensión mutua entre pueblos y culturas. Este es el efecto que surte el TLC en sus naciones miembros. (...)

El TLC es un acuerdo entre México, los Estados Unidos y Canadá para facilitar el comercio y la inversión entre estos tres países. El TLC está consolidando uno de los mercados más grandes del mundo. El TLC es a la vez un reto y una oportunidad; su éxito radica en la certeza que proporciona.

Reglas claras, mayor competitividad, la creación de más y mejores empleos, la protección del medio ambiente – eso es el TLC. (...)

Bajo el TLC, México se ha convertido en el socio comercial más dinámico de los Estados Unidos de América. Las exportaciones estadounidenses a México han incrementado substancialmente.

El TLC trae más exportaciones y nuevas oportunidades para México, los Estados Unidos y Canadá.

Siempre hemos sido y siempre seremos vecinos; ahora también somos socios. (...) El TLC es un paso firme hacia una meta que compartimos: la de crear más y mejores empleos e incrementar el nivel de vida de nuestros pueblos.

David Bacon en Pacific News Service, 25.11.2003.
http://news.ncmonline.com/news/view_article.html?article_id=5d3ac0086536412ca31c0e5cbd04c01d

http://zedillo.presidencia.gob.mx/pages/visitas/usa97/video.html

Vocabulario

entorpecer:	estorbar, molestar
enriquecer:	hacer más rico, mejorar
afinidad, f:	similitud que favorece relaciones
surtir:	dar lo necesario, abastecer
reto, m:	desafío
radicar:	tener su origen en
incrementar:	crecer
meta, f:	objetivo, fin que se pretende alcanzar

Comprensión del texto

Cuenta las ideas más importantes de Zedillo en pasado y estilo indirecto a un amigo. Pon un círculo alrededor de los conceptos que según Zedillo tienen que ver con el TLC, y únelos con una línea con el cuadro. Tacha las palabras que no tienen nada que ver.

certeza
seguro social
créditos bancarios
relación bilateral
exportaciones
TLC
programa cultural
competitividad
corrupción
mejores empleos

Interpretación

Haz un volante en el que invitas a empresarios mexicanos a un taller sobre el TLC. Usa información del texto y pon algunos de los temas que se van a tratar.

Interpretación de los dos textos

¿Cuáles son, según Zedillo, las ventajas del TLC?

- Hagan una lista.
- Discutan en un grupo las ventajas y desventajas, usando los dos textos.

Comentario

Busca más información sobre el presidente Zedillo.

- ¿De cuál partido era?
- ¿Cuáles eran sus ideas más importantes?
- ¿Qué hace hoy?

Comentario de los dos textos

Busca en www.inegi.gob.mx datos sobre la economía de México antes y después del TLC:

- ¿Cómo es la tasa de desempleo?
- ¿Cuántos pobres hay?
- ¿Cómo es la mortalidad de niños?
- ¿Cómo es la inflación?
- ¿Qué tanto ha crecido la economía?
- Partiendo de estos datos: ¿El TLC ha sido un éxito o no?

Cultura «gringa»

El escritor Carlos Monsiváis describe el impacto de la cultura estadounidense en la vida cotidiana de los mexicanos:

Cablevisión. Comics de súper héroes. Humor rápido y malamente traducido. Infinitud de productos que sacian, inventan y modifican necesidades. Programas de televisión cuya apoteosis depende de la victoria del sistema jurídico norteamericano. Libros donde las fórmulas de venta «construyen» la personalidad del lector. Tecnologías refinadísimas. Videocaseteras en donde se entierra la experiencia comunitaria del cine. Comunicación por satélite. (...) Control de telecomunicaciones por transnacionales. (...) «Filosofía» del vendedor más grande del mundo. Películas creadas de acuerdo con el examen minucioso del mercado. (...) Agencias internacionales de noticias que unifican la información e intronizan un solo punto de vista. Desdén ante la historia de cada nación. Imposición – por la necesidad y por la prepotencia – de un lenguaje mundial. Circuito de transmisión ideológica que va de la publicidad a la pedagogía de los noticieros. Control de la «revolución informática». Revistas femeninas que le dan a la «femineidad» el carácter de un *shopping center*. Reordenamiento de hábitos de vida. *Malls* que funcionan como basílicas de innumeras capillas.

Carlos Monsiváis en: Maria Esther Schumacher (Comp.): Mitos en las relaciones México-Estados Unidos. México DF: FCE, 1994, Pág. 453.

Vocabulario

saciar:	satisfacer totalmente
apoteosis, f:	final brillante
enterrar:	poner un muerto bajo tierra
minucioso/a:	detallista
desdén, m:	indiferencia que indica desprecio
prepotencia, f:	arrogancia

Comprensión del texto

1. Une los substantivos y los verbos que en el texto van juntos:

humor	enterrar
programas	crear
películas	unificar
malls	traducir
revistas femeninas	funcionar
agencias de noticias	depender
videocaseteras	dar

2. Después, forma frases con los substantivos y verbos, resumiendo el texto. Empieza con «Según Carlos Montemayor...»

3. ¡Ayuda a Carlos Monsiváis y contesta las preguntas de este periodista curioso!
- Señor Monsiváis, ¿qué piensa de los nuevos *Malls* que hay en México?
- ¿Cómo, en su opinión, ven los estadounidenses la historia de las otras naciones?
- ¿Qué es lo especial de los programas de televisión que vienen de los EEUU?
- ¿Qué piensa de las nuevas revistas femeninas?
- ¿Por qué el inglés es un lenguaje mundial?

Interpretación

1. ¿Cuáles de los fenómenos que enumera Monsiváis consideras especialmente estadounidense, cuáles no? Haz una lista y escribe tus razones.
2. Monsiváis habla de cosas nuevas – ¿cuáles son los hábitos, costumbres o instituciones antiguas que según él desaparecen por las nuevas?

- Elige cuatro fenónemos modernos del texto que más te interesan.
- Agrega a cada uno de ellos su «versión antigua».
- Decide cuál versión te gusta más y por qué.

Comentario

1. Enumera ejemplos típicos que conoces de tu vida para algunos de los fenónemos mencionados en el texto.
2. Elige uno de los fenónemos que te gusta y escribe una carta a Carlos Monsiváis en la cual le explicas por qué él está mal criticándolo.

o

Si no te gusta ninguna, elige el más horrible para tí y escribe una carta a Carlos Monsiváis en la que le das la razón.

Personenregister

Abreu Gómez, Emilio 83, 85
Almazán, Juan Andreu 13
Arias Solís, Cristóbal 14
Ávila Camacho, Manuel 12, 13, 18, 103
Azuela, Mariano 67, 76
Beteta, Ramón 70, 83, 87
Bush, George W. 103
Calderón, Felipe 15, 19, 47
Calles, Plutarco Elías 12, 18, 66
Canek, Jacinto 83, 85
Cárdenas Solórzano, Cuauhtémoc 14, 19
Cárdenas, Lázaro 12, 14, 18, 66, 77
Carlos V. 51, 52, 56
Carranza, Venustiano 12, 18, 65, 66, 75
Carrasco, Lucia 36
Clinton, Bill 112
Colón, Cristóbal 16
Cortés, Hernán 8, 16, 21, 22, 25, 50, 51, 52, 54, 56, 58, 82
Cuauhtémoc 8, 16, 51
de Águilar, Gerónimo 50, 51
de Habsburgo, Maximiliano 11, 17
de Iturbide, Agustín 10, 17
de la Madrid Hurtado, Miguel 13
de Landa, Fray Diego 51, 64
de las Casas, Fray Bartolomé 51, 52, 60, 62
de Sahagún, Fray Bernardino 51, 54
Díaz de Castillo, Bernal 51, 58
Díaz, Ordaz 67
Díaz, Porfirio 11, 17, 65, 66, 72, 83, 98
Diego, Juan 20, 25
Doña Marina (La Malinche) 25
Echeverría, Luís 13
Felipe II. 60
Fox Quesada, Vicente 14, 15, 19, 67, 103
Gorostiza, José 21, 51
Guerrero, Gonzalo 50, 51
Guerrero, Vicente 10
Hidalgo, Miguel 10, 16
Huerta, Victoriano 66
Juárez, Benito 11, 17
Kennedy, John F. 103
Krauze, Enrique 68
Lerdo de Tejada, Sebastián 11
López de Santa Ana, Agustín 10, 17, 98
López Mateos, Adolfo 103
López Portillo, José 13
Madero, Francisco I. 12, 17, 65, 66, 73
Madrazo, Roberto 47
Malinche, la 20, 21, 22, 25, 50, 51, 52
Malintzin (La Malinche) 54
Moctezuma 8, 22, 50, 51, 54, 58, 82
Moctezuma II 10, 51
Monsiváis, Carlos 114
Morelos, José María 10, 16
Napoleón 9, 16
Napoleón III 11
Obregón, Álvaro 12, 18, 65, 66, 75
Ojeda, Martha 110
Orozco, Pascual 12
Paz, Octavio 20, 21
Poniatowska, Elena 78
Polk, James 11
Roosevelt, Franklin Delano 1043
Salinas de Gortari, Carlos 14, 18, 91
Vargas Llosa, Mario 13
Vázquez Tun, Manuel 34, 37
Velásquez, Diego 50
Villa, Pancho 12, 17, 65, 66, 75
Virgen de Guadalupe, la 10, 20, 25
Zapata, Emiliano 12, 17, 18, 65, 66, 71, 72, 80
Zedillo, Ernesto 112

Sachregister

Acuerdos de San Andrés 19, 84
América 50
Analfabetismo 35
Asociación de la Industria Maquiladora 110
Aztecas 8, 9, 25, 50, 82
Baja California Sur 34
Casa Real de Austria 11
Centro de Reflexión, Educación y Acción 110
Chiapas 15, 35, 82, 84, 91, 96
Chingada 29
Chihuahua 66
Coalición de la Industria Maquiladora 110
Coalición de la Justicia en las Maquiladoras 110
Coatzacoalcos 21, 22
Comisión Nacional para el Desarrollo de los Pueblos Indígenas (CNI) 83
Congreso de Chilpancingo 10, 16
Conquista 50, 60, 64
Conquista Espiritual 51
Corriente Democrática 14
Cristianos 52, 60, 61, 82
Criollos 9
Cuba 50
Cultura juvenil 35
Cultura maya 51
Cultura olmeca 7
Cultura zapoteca 16
Delincuencia 35
Derechos humanos 83, 98, 103
Desempleo 41
Discriminación 89
Dolores 10
Durango 66
Educación 39, 91
Elecciones 47, 65
Emigrantes 41
Encomienda 9
Ejército Zapatista de Liberación Nacional (EZLN) 19, 67, 83, 91
Esclavos 61, 63, 83
Estados Unidos 9, 65, 83, 98, 99, 101, 103, 105, 108, 112
Europa 66, 82
Familia 34, 39, 43
Frente Demócrata Nacional 14
Fuerzas Armadas 31
Golfo de México 52
Guatemala 7
Guerra Sucia 13, 66
Honduras 7
Huitzilopochtli 22
Iglesia Católica 10, 11, 51
Industria petrolera 77
Institucionalización 66
Internet 47
Jalisco 21
Jóvenes 34, 35, 36, 39, 41, 47
Ley de Expropiación 77
Machismo 21
Malinchista 25
Maternidad 43
Mayas 7
Mesoamérica 7
Métodos anticonceptivos 35, 43
Mexicanidad 20, 21
México 7, 11, 29, 31, 34, 35, 41, 43, 50, 54, 58, 66, 68, 70, 72, 75, 82, 87, 91, 98, 99, 100, 101, 105, 112
Migración 98, 100, 103
Migración interna 34
Milpa Alta 72
Mixtecas 7, 16
Monte Albán 7, 16
Morelos 72
Movimiento Estudiantil 79
Mujeres 34, 35, 39, 89, 96
Música 35

Nahuatl 50
Nueva España 9, 60
Noche Triste, la 51
Oaxaca 7, 16, 82
ONU 82
Partido de Acción Nacional (PAN) 13, 14, 15, 18, 48, 67
Partido de la Revolución Democrática (PRD) 14, 15, 18
Partido de la Revolución Institucionalizada (PRI) 13, 14, 15, 18, 65, 66, 67, 70, 79
Partido de la Revolución Mexicana (PRM) 12, 18
Partido Nacional Revolucionario (PNR) 12, 18
Paternidad 43
Petroleos Mexicanos (PEMEX) 12
Plan de Ayala 66
Plan de Iguala 10
Pobreza 35, 83
Política 36, 47, 66, 103
Porfiriato 17
Protestas estudiantiles 79
Puebla 11
Quetzalcoatl 50
Quintana Roo 34, 37
Reformas agrarias 66
Reformas sociales 66
Revolución de Ayutla 11
Revolución Mexicana 12, 17, 36, 65, 68, 69, 71, 73, 76, 84
San Cristóbal de las Casas 15
Sexualidad 27, 39
Tabasco 7, 8, 22, 50, 52
Tenochtitlán 8, 16, 22, 50, 51, 56, 67, 82
Tepeyac 20
Terremoto 13
Teotihuacán 7, 16
Texcoco, lago de 8, 16
Tizimin 37
Tlatelolco 13, 18, 67, 79
Tlaxcala 22
Tonantzin 20
Tratado de Libre Comercio (TLC) 15, 19, 83, 99, 110, 112
Tribunal para Menores 39
Veracruz 8, 16, 50, 52, 66, 832
Yucatán 8, 37, 51, 63, 82, 83

Indicadores seleccionados sobre la población hablante de lengua indígena, 1950 a 2005

Indicador	1950	1960	1970	1990	2000	2005
Población hablante de lengua indígena de 5 y más años	2 447 609	3 030 254	3 111 415	5 282 347	6 044 547	6 011 202
Hombres	1 227 909	1 495 627	1 566 511	2 629 326	2 985 872	2 959 064
Mujeres	1 219 700	1 534 627	1 544 904	2 653 021	3 058 675	3 052 138
Porcentaje de población hablante de lengua indígena (a)	11.2	10.4	7.8	7.6	7.2	6.7
Hombres	11.5	10.3	7.9	7.8	7.3	6.8
Mujeres	11.0	10.5	7.7	7.5	7.0	6.6
Porcentaje de población hablante de lengua indígena bilingüe (b)	67.5	63.5	72.4	83.5	83.1	87.7
Hombres	69.5	66.3	77.6	88.3	87.4	91.1
Mujeres	65.5	60.9	67.1	78.7	78.8	84.4
Porcentaje de población hablante de lengua indígena monolingüe (b)	32.5	36.5	27.6	16.5	16.9	12.3
Hombres	30.5	33.7	22.4	11.7	12.6	8.9
Mujeres	34.5	39.1	32.9	21.3	21.2	15.6

a Con respecto a la población total de 5 y más años. Para 1990 a 2005, se excluye a la población que no especificó si habla o no lengua indígena.

b Con respecto a la población total de 5 y más años hablante de lengua indígena. Para 1990 a 2005, se excluye a la población que no especificó si habla o no español.

FUENTE: INEGI. *Censos de Población y Vivienda, 1950 a 2000.*
INEGI. *Conteo de Población y Vivienda, 2005.*

Distribución porcentual de la población hablante de lengua indígena de 15 y más años por nivel de instrucción para cada sexo, 2000 y 2005

Nivel de instrucción	2000	2005				
	Total	Hombres	Mujeres	Total	Hombres	Mujeres
Total	4 524 795	2 213 523	2 311 272	4 594 365	2 249 677	2 344 688
Sin instrucción	31.7	23.5	39.6	21.5	21.5	36.2
Primaria incompleta	30.6	32.8	28.5	28.1	28.1	24.4
Primaria completa	18.4	19.9	17.0	20.5	20.5	18.4
Secundaria incompleta (a)	3.4	4.1	2.7	3.9	3.9	2.9
Secundaria completa	8.9	10.9	6.9	14.5	14.5	10.4
Algún año aprobado en educación media superior	4.3	5.2	3.4	7.6	7.5	5.4
Algún año aprobado en educación superior	2.7	3.6	1.9	3.9	3.9	2.3

NOTA: Excluye a la población de 15 y más años que no especificó su nivel de instrucción. Debido al redondeo de las cifras, la suma de los decimales puede no coincidir con el 100.0%.

a Para 2005 incluye a la población con algún año aprobado en estudios comerciales con primaria terminada.

FUENTE: INEGI. Censo General de Población y Vivienda, 2000.
INEGI. Conteo de Población y Vivienda, 2005.